국민건강
보험공단

직업기초능력평가

KB193810

국민건강보험공단
직업기초능력평가

초판 발행	2022년 5월 20일
개정판 발행	2025년 3월 7일

편 저 자 | 취업적성연구소

발 행 처 | ㈜서원각

등록번호 | 1999-1A-107호

주　　소 | 경기도 고양시 일산서구 덕산로 88-45(가좌동)

교재주문 | 031-923-2051

팩　　스 | 031-923-3815

교재문의 | 카카오톡 플러스 친구[서원각]

홈페이지 | goseowon.com

우리나라 기업들은 1960년대 이후 현재까지 비약적인 발전을 이루었다. 이렇게 급속한 성장을 이룰 수 있었던 배경에는 우리나라 국민들의 근면성 및 도전정신이 있었다. 그러나 빠르게 변화하는 세계 경제의 환경에 적응하기 위해서는 근면성과 도전정신 이외에 또 다른 성장 요인이 필요하다.

최근 많은 공사 · 공단에서는 기존의 직무 관련성에 대한 고려 없이 인 · 적성, 지식 중심으로 치러지던 필기전형을 탈피하고, 산업현장에서 직무를 수행하기 위해 요구되는 능력을 산업부문별 · 수준별로 체계화 및 표준화한 NCS를 기반으로 하여 채용공고 단계에서 제시되는 '직무 설명자료'상의 직업기초능력과 직무수행능력을 측정하기 위한 직업기초능력평가, 직무수행능력평가 등을 도입하고 있다.

국민건강보험공단에서도 업무에 필요한 역량 및 책임감과 적응력 등을 구비한 인재를 선발하기 위하여 고유의 직업기초능력평가를 치르고 있다. 본서는 국민건강보험공단 채용대비를 위한 필독서로 국민건강보험공단 필기전형의 출제경향을 철저히 분석하여 응시자들이 보다 쉽게 시험유형을 파악하고 효율적으로 대비할 수 있도록 구성하였습니다.

신념을 가지고 도전하는 사람은 반드시 그 꿈을 이룰 수 있습니다. 처음에 품은 신념과 열정이 취업 성공의 그 날까지 빛바래지 않도록 서원각이 수험생 여러분을 응원합니다.

공사소개

미션

국민보건과 사회보장 증진으로
국민의 삶의 질 향상

MISSION

국민건강보험법 ··· 법률 제5854호, 1999.2.8.제정
국민의 질병·부상에 대한 예방·진단·치료·재활과
출산·사망 및 건강증진에 대하여 보험급여 실시

노인장기요양보험법 ··· 법률 제8403호, 2007.4.27.제정
일상생활을 혼자서 수행하기 어려운 노인 등에게 신체활동
또는 가사활동 지원 등의 장기요양급여 제공

국민보건 향상과 사회보장 증진

노후의 건강증진과 생활안전 도모로 국민의 삶의 질 향상

비전

행복한 국민 건강한 대한민국
든든한 국민건강보험

VISION

평생 건강을 위한
맞춤형 관리체계로
개개인이 행복한 삶을
누리고

나아가
모든 국민이
더 건강한 삶을
영위할 수 있도록

언제나
국민 곁에서
든든하고 지속가능한
건강·장기요양보험이
되겠습니다.

핵심가치

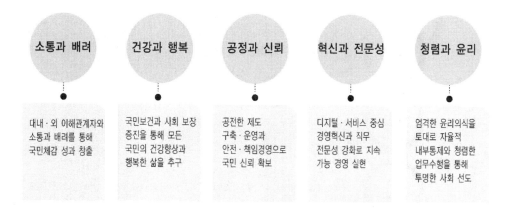

소통과 배려	건강과 행복	공정과 신뢰	혁신과 전문성	청렴과 윤리
대내·외 이해관계자와 소통과 배려를 통해 국민체감 성과 창출	국민보건과 사회 보장 증진을 통해 모든 국민의 건강향상과 행복한 삶을 추구	공전한 제도 구축·운영과 안전·책임경영으로 국민 신뢰 확보	디지털·서비스 중심 경영혁신과 직무 전문성 강화로 지속 가능 경영 실현	엄격한 윤리의식을 토대로 자율적 내부통제와 청렴한 업무수행을 통해 투명한 사회 선도

CI

국민건강보험공단의 심볼마크는

Happiness is in your heart

하트를 감싸안은 붉은 원은 신뢰와 사랑으로 국민의 건강과 안녕을 보살피는 국민건강 보험의 역할을 상징하며, 건강한 생활과 높은 삶의 질로 확산되는 행복의 복합적 표현이고, 손가락으로 원을 그린 듯한 하나의 획으로 권위적 공기관이 아닌 따뜻한 커뮤니케이션으로 국민과 소통의 거리가 밀접한 새로운 공단의 모습을 나타냄

전략체계도

| 미션 | 국민보건과 사회보장 증진으로 국민의 삶의 질 향상 |

| 비전 | 행복한 국민 건강한 대한민국 든든한 국민건강보험 |

| 핵심가치 | 소통과 배려 | 건강과 행복 | 공정과 신뢰 | 혁신과 전문성 | 청렴과 윤리 |

경영방침

더 건강한 세상을 위한 The건강보험
- 제도 · 서비스 : 더 건강한 국민(국민건강, 근거기반, 연계 · 통합)
- 이해관계자 : 더 건강한 파트너십(협력주도, 소통, 배려)
- 기관운영 : 더 건강한 공단(혁신, 효율, 청렴)

전략목표

| 국민의 평생건강을 책임지는 건강보장체계 | 건강수명 향상을 위한 맞춤형 건강관리 | 국민의 평생건강을 책임지는 건강보장체계 | 초고령사회 대비 국민이 안심하는 장기요양보험 | 소통 · 혁신 · 청렴 기반의 신뢰경영 |

전략과제

필수의료 중심의 보장영역 구축	예방적 건강관리 강화	맞춤형 장기요양 서비스 이용체계 구축	공정하고 공평한 부과체계 설계	국민참여 소통경영 강화
건강약자 의료안전망 강화	생애주기 건강검진체계 개편	지역사회 거주 돌봄지원 강화	스마트 징수관리체계 구축	성과 · 역량 중심 조직혁신
보건의료 공급기반 안정화	지역중심 건강서비스 강화	장기요양서비스 품질 향상	보험급여 지출관리 혁신	디지털 기반 서비스행정 전환
건강보장 연구 및 국제협력 강화	데이터 기반 민간혁신 · 성장지원 확대	장기요양보험 제도 지속가능성 제고	전략적 재정관리 강화	윤리 · 안전 및 책임경영 강화

캐릭터

건이(초능력 : 체력)
지치지않는 무한 체력을 초능력으로 가지고 태어나, 에너지가 항상 넘친다.

강이(초능력 : 치유)
멘탈 치유를 초능력으로 가지고 태어나, 센스와 공감능력이 좋다.

덩이(초능력 : 음식복제)
숟가락을 흔들면 좋아하는 음식이 복제되는 초능력을 가졌다.

균이(초능력 : 순간이동)
운동부족, 순간이동을 초능력으로 가지고 태어나 운동시간에 늘 도망간다.

인재상

" 국민의 평생건강을 지키는 건강보장 전문인재 양성"

Nation-oriented	**H**onest	**I**nnovative	**S**pecialized
국민을 위한 인재	정직으로 신뢰받는 인재	혁신을 추구하는 인재	전문성 있는 인재
• 국민의 희망과 행복을 위해 봉사, 책임을 다하는 행복 전도사 • 공공기관의 가치를 이해하고 국민과 소통하는 커뮤니케이터	• 공직자 사명감을 바탕으로 매사 정직하게 업무를 처리하는 공단인 • 높은 청렴도와 윤리의식을 겸비하여 국민으로부터 신뢰받는 공직자	• 더나은 가치를 창출하기 위해 열정을 쏟는 도전가 • 열린 마음과 유연한 사고를 바탕으로 조직 혁신을 위한 선도자	• 우수성, 전문성을 갖추기 위해 평생학습하고 성장하는 주도자 • 새로운 시각을 기반으로 창의적 정책을 제시하는 탐색자

채용안내

채용절차

① 제한경쟁 장애 · 보훈 지원자를 제외한 모든 지원자

공고 · 접수
온라인

서류심사
정량+정성

필기시험
NCS+직무(법)

인성검사
온라인

증빙제출
진위 · 일치여부

면접시험
경험행동+상황
+토론

수습임용
최종합격

② 제한경쟁 장애 · 보훈 지원자 … 필기시험 제외

공고 · 접수
온라인

서류심사
정량+정성

인성검사
온라인

증빙제출
진위 · 일치여부

면접시험
경험행동+상황
+토론

수습임용
최종합격

서류심사

심사방법

자격요건 확인 및 직무능력중심 정량 · 정성평가
• (자격요건 확인) 모집단위별 응시 자격요건 충족여부 확인
• (정량 · 정성평가) 직무능력중심 평가항목을 기준으로 평가

구분	평가내용
자격요건	면허(자격증) 등 응시 자격요건
평가항목	학교 · 직업교육, 경력, 어학, 면허(자격증), 경험사항 및 자기소개서, 우대사항

※ 자기소개서 적/부 평가 포함(비속어 사용, 무의미한 단어나열, 표절 등)
※ 입사지원서 기재 불량자는 '자격미달', 허위기재자는 '부정행위자' 처리함

필기전형

시험대상
일반 · 강원인재 서류심사 합격자(장애 · 보훈 제외)

시험내용
NCS 기반 직업기초능력 + 직무시험(법률)

과목	직렬	시험내용
(제1과목) NCS 기반 직업기초 능력 (60분)	행정직, 건강직, 요양직, 기술직	■ 직업기초능력 응용모듈 60문항 (의사소통 20문항, 수리 20문항, 문제해결 20문항)
	전산직	■ 직업기초능력 응용모듈 15문항 (의사소통 5문항, 수리 5문항, 문제해결 5문항) ■ 전산개발 기초능력(C언어, JAVA, SQL) 35문항
◆ 직무시험 준비시간 (10분) … 자리이동 불가		
(제2과목) 직무시험 (법률) (20분)	행정직, 건강직, 전산직, 기술직	■ 「국민건강보험법*」(시행령 및 시행규칙 제외) 20문항 * 법률 제20505호('24. 10. 22. 일부개정)
	요양직	■ 「노인장기요양보험법*」(시행령 및 시행규칙 제외) 20문항 * 법률 제20587호('24. 12. 20. 일부개정)

면접전형

면접대상
• 일반 · 강원인재 필기시험 합격자와 보훈 · 장애 서류심사 합격자 중 인성검사 및 증빙서류 제출 완료자

면접장소
• 서울 예정(변경가능)

면접방법
• 경험행동면접(BEI) + 상황면접(SI) + 토론면접(GD)

조 편성
• 다대다(多對多) 면접

STRUCTURE

NCS 예상문제

적중률 높은 영역별 출제예상문제
를 수록하여 학습효율을 확실하게
높였습니다.

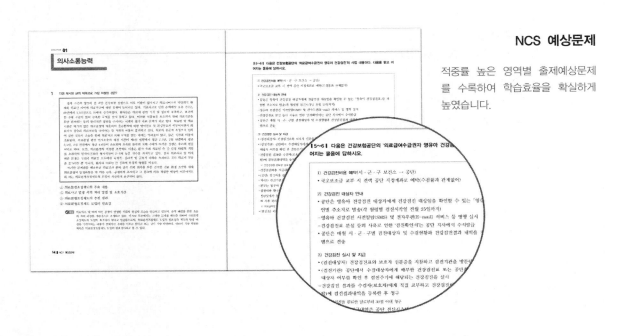

상세한 해설

문제마다 꼼꼼하고 상세한 해설을 통
해 이해되기 쉽도록 구성하였습니다.

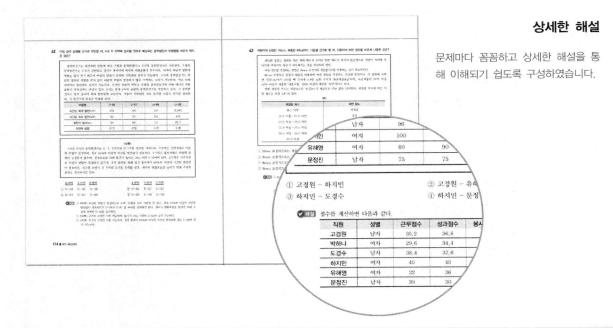

CONTENTS

NCS
예상문제

NCS
예상문제

CHAPTER 01

의사소통능력

1 다음 제시된 글의 제목으로 가장 적절한 것은?

경제 수준의 향상과 전 국민 건강보장 실현으로 의료 이용이 많아지고 의료서비스의 다양화로 환자와 의료인 사이에 의료사고에 대한 분쟁이 늘어나고 있다. 의료사고로 인한 손해배상 소송 건수는 69건에서 1,101건으로 16배나 증가하였다. 환자들은 의료에 관한 지식 및 정보가 부족하고, 효과적인 구제 수단이 없어 신속한 구제를 받지 못하고 있다. 이러한 억울함을 호소하기 위해 의료기관을 무단 점거하는 등의 물리적인 방법을 구사하는 사례가 많아 사회 문제가 되고 있다. 의료인 및 의료기관은 예기치 않은 의료분쟁에 대응하여 응급환자에 대한 방어진료 및 과잉진료가 이루어지면서 의료비의 상승과 의료자원을 낭비하는 등 사회적 비용이 증가하고 있다. 의료의 전문적 속성으로 인하여 일반 국민이 소송을 통해 의료사고 피해 구제를 받는 데에는 어려움이 많고, 많은 시간과 비용이 소요된다. 의료분쟁 관련 민사소송의 해결 기간이 제1심 법원에서 평균 2.3년, 2심 판결에서 평균 3.9년, 3심 판결에서 평균 4.6년이 소요되어 조속한 환자의 피해 구제가 어려운 실정은 우리의 현실이기도 하다. 또한, 의료분쟁의 적절한 조정제도 미흡은 환자 측과 의료인 측 간 감정 대립의 격화를 초래하여 민사사건보다 형사사건이 5~6배 높은 건수를 차지하고 있다. 결국 의료사고 및 이에 따른 분쟁은 국민과 의료인 모두에게 육체적·심리적 및 금전적 피해를 초래하고 국민 의료비 부담을 증가시킬 뿐 아니라, 환자와 의료인 간 신뢰에 부정적 영향을 미친다.

이러한 문제점을 해소하고 의료인과 환자 간의 신뢰 회복을 통한 건전한 진료 환경 조성을 위해 의료분쟁이 발생하였을 때 이를 신속·공정하게 조사하고 그 결과에 따라 적정한 배상이 이루어지도록 하는 의료분쟁조정제도의 도입이 시급하게 요구되어 왔다.

① 의료분쟁조정제도의 주요 내용
② 의료사고 발생 시의 처리 방법 및 소요기간
③ 의료분쟁조정제도의 추진 경과
④ 의료분쟁조정제도 도입의 필요성

✔**해설** 의료사고 및 이에 따른 분쟁이 발생된 사회적 현실의 모습을 언급하고 있으며, 분쟁 해결을 위한 소송의 처리 과정을 개괄적으로 소개하고 있다. 마지막 부분에서는 그러한 문제점 해소를 위하여 의료분쟁조정제도의 도입이 요구되어 왔다고 언급함으로써, 의료분쟁조정제도 도입의 필요성과 제도의 탄생 배경을 이야기하는 내용이 전체적인 주제를 이루고 있다고 보는 것이 가장 타당하다. 따라서 가장 적절한 제목은 의료분쟁조정제도 도입의 필요성이라고 볼 수 있다.

2 다음은 건강보험의 보장성 강화 및 지속가능성 제고를 위한 정부와 공단의 제도 개선 내용의 일부를 소개하는 예시글이다. 다음 글의 단락 (가)~(라)에 나타나 있는 제도 개선 내용이 아닌 것은?

> (가) 우리나라의 경상의료비 지출 중 의약품 지출 비율은 2019년 기준 20.6%로 OECD 회원국의 의약품 지출 수준인 16.0%보다 높다(OECD Health Statistics, 2021). 또한, 2016 건강보험에서 지출한 약품비 규모는 약 15조 4천억 원이며, 2021년 기준 약품비 증가율은 9.2%로 진료비 증가율(11.6%) 보다 적게 증가하였다. 건강보험 약품비 증가율은 2014년 이후로 진료비 증가율보다 적게 증가하고 있다. 이것은 건강보험 재정 건전화를 위한 다양한 약가 사후 관리제도(실거래가 약가 인하, 사용량에 따른 약가 인하 등)의 효과에 따른 것이다.
>
> (나) 보다 중증이고 복잡한 수술을 포함하는 전체 질병군으로 포괄수가제를 확대하기 위하여 2014년 4월부터 국민건강보험공단 일산병원에 입원한 환자를 대상으로 신포괄수가 시범사업을 실시하고 있다. 2016년 7월부터는 지역 거점 공공병원으로 확대 실시하여, 2021년 말 기준으로 41개 병원, 559개 질병군을 대상으로 시범사업을 실시하고 있다.
>
> (다) 2005년 전국민 국민건강보험으로 통합된 이래, 가입자의 자격 관리와 보험료 부과 체계는 직장가입자와 지역가입자로 나뉘어 운영되어 왔다. 지역가입자는 소득 외에 성·연령, 재산, 자동차에 대한 보험료도 부담하여 저소득 지역가입자의 불만이 누적되었고, 직장가입자는 피부양자 기준이 느슨하여 소득이 높고 재산이 많아도 피부양자가 되어 보험료를 부담하지 않는 형평성 문제가 제기되었다. 2018년에는 건강보험 관련 학계·연구기관 등의 전문가(총 16명)를 중심으로 「건강보험료 부과체계개선기획단」을 구성하고, 국세청 소득자료 연계 및 소득 중심 부과 체계 개선 부과방식에 대한 모의운영 실시, 영향 분석, 소득 중심의 보험료 부과 체계로의 단기, 중·장기 개선 방안 등 부과 체계 개선 방안을 논의하였다.
>
> (라) 국민 부담이 높은 질환에 대한 보장성을 강화하고 비급여(선택 진료, 상급병실료 등)에 대한 건강보험 적용 및 생애주기별 보장 강화, 건강보험 본인부담 상한제 개선 등을 통해 국민들의 의료비 부담 완화를 위한 제도 개선을 추진하였다. 그 결과 비급여 7,657억 원의 의료비 부담을 완화하였다. 향후 고액 진료비가 발생하는 비급여 항목 등 건강보험 보장 강화를 지속적으로 추진할 것이다.

① 4대 중증질환 등 건강보험 보장성 강화
② 건강보험료 부과체계 개선
③ 의료기관평가인증제를 통한 의료 질 향상 체계 구축
④ 포괄수가제 확대 시행

> ✔**해설** 의료기관평가 제도 개선을 위한 노력의 모습은 언급되어 있지 않으며, 제시된 (가)~(라) 단락에서 언급한 내용은 다음과 같다.
> (가) 약가 제도 개편 및 약가 인하
> (나) 포괄수가제 확대 시행 → 신포괄수가제 시범사업 실시
> (다) 건강보험료 부과체계 개선
> (라) 4대 중증질환 등 건강보험 보장성 강화

Answer 1.④ 2.③

01. 의사소통능력 ▌15

3 다음은 기획팀 정철우 대리가 홍보팀장에게 보낸 문서의 예시내용이다. 다음 문서를 참고할 때, 홍보팀장의 지시를 받은 홍보팀 직원들이 작성한 홍보 문구로 적절하지 않은 것은?

- 수신 : 기획팀 정철우 대리
- 발신 : 홍보팀장
- 내용 : 개편된 공단 지침에 따라 '사회보장급여 공통 업무 안내 주요 개정사항'이 다음과 같이 정리되었습니다. 홍보팀에서는 이에 따른 적절한 홍보 문구를 작성하시어 기획팀장에게 제출해 주시면 감사하겠습니다.

2021년 사회보장급여 공통 업무 안내 주요 개정사항

주요 내용	2020년	2021년
사업별 가구의 범위	국민기초생활보장 ① 동일 주민등록 −생계나 주거를 같이 하는 사람 −민법에 따른 가족의 범위에 포함되는 사람	국민기초생활보장 ① 동일 주민등록 −생계나 주거를 같이 하는 사람 −민법에 따른 가족의 범위에 포함되는 사람 ※ 민법상 가족의 범위 ① 배우자, 직계혈족 및 형제자매 ② 직계혈족의 배우자, 배우자의 직계혈족 및 배우자의 형제자매(②항은 생계를 같이하는 경우에 한함)
소득 산정 기준	그 외 소득(자활근로소득, 공적이전소득) −'전월 소득' 반영	그 외 소득(자활근로소득, 공적이전소득, 공공일자리소득) −'전월 소득' 반영
근로소득의 유형	자활근로소득 : 자활근로, 자활공공근로, 자활공동체사업, 적응훈련, 직업훈련 등 자활급여의 일환으로 사업에 참여하여 근로를 제공하고 받는 급여 및 수당	자활근로소득 : 자활근로, 자활공공근로, 자활기업, 취업성공패키지(고용노동부)의 일 경험지원 프로그램 등 등 자활급여의 일환으로 사업에 참여하여 근로를 제공하고 받는 급여 및 수당
자활근로소득	아래의 실비 지원적 성격의 지원금은 소득산정에서 제외 −취업성공패키지(고용노동부) 참여로 얻는 수당 중 다음 금액 −실비 지원적 성격의 금액(1단계 취업상담 참여수당(25만 원/월)	아래의 실비 지원적 성격의 지원금은 소득산정에서 제외 −취업성공패키지(고용노동부) 참여로 얻는 수당 중 다음 금액 −실비 지원적 성격의 금액(1단계 취업상담 참여수당 월 25만 원, 3단계 청년구직 활동수당 월 30만 원
보장기관 확인소득	산정기준 금액 −1일 51,760원(「최저임금법」에 따른 2017년 최저임금) ※ '21년 고용노동부 최저임금 고시 : 시간당 최저임금 6,470원 기준	산정기준 금액 −1일 60,240원(「최저임금법」에 따른 2018년 최저임금) ※ '21년 고용노동부 최저임금 고시 : 시간당 최저임금 7,530원 기준(효력:'21.1.1~12.31, 전년대비 1,060원 인상)
금융재산 조사방법	정보시스템을 통해 제공되는 금융정보 등(신용정보, 보험정보 포함) 조회결과를 적용	정보시스템을 통해 제공되는 금융정보 등(신용정보, 보험정보 포함)조회결과를 적용 ※ '21년부터 인터넷 은행(카카오뱅크, K뱅크)의 금융정보 등도 조회 가능

① '최저임금법 변경에 따른 보장기관 확인소득 산정기준 금액이 인상되었습니다.'

② '2021년부터는 인터넷 은행으로 거래하신 금융정보 등도 금융재산 조사 방법에 포함될 예정입니다.'

③ '적응훈련 및 직업훈련 등의 자활근로가 고용노동부의 일 경험 지원프로그램으로 통합되어 운영될 예정입니다.'

④ '민법상 가족의 범위를 명시하여 피부양자 축소를 통한 재정 안정화를 도모할 예정입니다.'

> ✔ 해설　개정 전에는 민법상 가족의 범위를 명시하지 않았으나 개정 후 이를 명시한 것이 가족의 범위 확인을 통한 피부양자 축소를 의미한다고 볼 근거는 없으며, 그에 따른 재정 안정화를 도모한다는 것 또한 개정의 취지나 내용으로 볼 수는 없다.
> ① 6,470원 → 7,530원으로 인상되어 보장기관 확인소득 산정기준 또한 인상되었다.
> ② 인터넷 은행을 포함하여 금융재산 조사방법이 더욱 폭넓게 개정되었다.
> ③ 적응훈련 및 직업훈련이 일 경험 지원프로그램으로 통합되어 운영된다.

Answer 3.④

4 다음 글을 통해 추론할 수 있는 것으로 가장 적절한 것은?

> 많은 이들이 우리 사회 민주주의의 문제점들을 관계와 소통의 회복을 통해 극복하고자 노력하고 있다. 이들은 네트워크 시대가 만들어낸 시민들의 개인화·개별화 경향에 우려를 표하고 있다. 네트워크 시대의 개인은 복합적 네트워킹을 통해 다양하고 폭넓은 관계를 맺고 살고 있지만, 개인들 간의 유대감은 낮기 때문에 그 관계는 지속적이기보다는 매우 유동적이고, 관계를 맺고 있는 개인들 간에 합의되어 나오는 행동들도 매우 일시적인 경향을 띤다. 즉, 온라인 공론장은 개별 주체들의 모임으로서 그 개별화된 개인들의 선택에 의해 매우 유동적으로 움직이게 된다.
>
> 예를 들어, 같은 사이트들이라도 이슈에 따라 공론장이 형성될 수도 형성되지 않을 수도 있으며, 이 공론장 형성 여부는 멤버들의 개인적·사적 이해관계에 따라 결정되는 경우가 많다. 나와 내 자녀들이 먹을 먹거리이기 때문에 쇠고기 수입에는 지대한 관심을 가지던 사람들은 나와는 아무런 관련이 없어 보이는 계약직 근로자의 부당한 대우에는 관심을 가질 필요가 없기 때문에 대화의 장을 마련할 이유를 찾지 못한다. 즉, 온라인 공론장은 때로는 시민사회를 포획하려는 지배 권력과 정치적 세력 또는 사적 영역에 대한 대안적 채널로서 역할을 하지만 또 다른 경우에는 공공영역으로서의 역할을 전혀 하지 못하는 모습을 보일 수 있다는 것이다. 이러한 점에서 분절적이고 분산된 네트워크를 보다 유기적으로 조직화하여 공공영역으로서의 지속성을 가질 수 있도록 하는 시도들이 필요하다.

① 네트워크를 구성하는 개인들은 결속력이 매우 강한 모습을 보인다.
② 온라인상에서는 정보의 진위 여부를 떠나 집단 감성이 발현되기 어렵다.
③ 유대감 없는 인터넷 공간의 자율성이나 공개성이 신뢰 받기 어렵다.
④ 지속성이 없으면 온라인 공간의 개인은 자신의 의견을 제대로 표출하지 못한다.

> **✔해설** 온라인상에서는 정보의 진위 여부를 떠나 개인들의 선택에 의해 공론장이 매우 유동적으로 움직이는 경향이 있으므로 집단 감성이 생성되기 어렵다고 설명하고 있다. 특정하게 형성된 집단 감성에 동조하는 구성원들 간에는 강한 유대감이 형성되지만, 자신과 관계없는 분야에 있어서는 전혀 집단 감성이 형성되지 않는 것이다.
> ① 모든 면에 있어 그러한 것은 아니며, 사적인 이해관계에 따라 전혀 결속력이 없게 되는 경우도 있다.
> ③ 유대감이 인터넷 공간의 자율성이나 공개성에 영향을 주는 것은 아니다.
> ④ 의견 표출은 자유로운 것이며, 지속성은 이러한 의견이 사회적 문제 해결과 소통의 회복에 기여하고자 할 때 필요한 것이다.

|5~6| 다음은 건강보험공단의 '의료급여수급권자 영유아 건강검진'의 사업 내용이다. 다음을 읽고 이어지는 물음에 답하시오.

---

1) 건강검진비용 예탁(시·군·구 보건소 → 공단)
• 국고보조금 교부 시 전액 공단 지정계좌로 예탁(수검률과 관계없이)

2) 건강검진 대상자 안내
• 공단은 영유아 건강검진 대상자에게 건강검진 대상임을 확인할 수 있는 「영유아 건강검진표」를 개인별 주소지로 발송(각 월령별 검진시작일 전월 25일까지)
– 영유아 건강검진 사전알람(SMS) 및 전자우편(E-mail) 서비스 등 병행 실시
– 건강검진표 분실 등의 사유로 인한 '검진확인서'는 공단 지사에서 수시발급
• 공단은 매월 시·군·구별 검진대상자 및 수검현황과 건강검진결과 내역을 지역보건의료 정보시스템으로 전송

3) 건강검진 실시 및 지급
• (검진대상자) 건강검진표와 보호자 신분증을 지참하고 검진기관을 방문하여 검진실시
• (검진기관) 공단에서 수검대상자에게 배부한 건강검진표 또는 공단홈페이지, 공단에 전화 등으로 대상자 여부를 확인 후 검진주기에 해당되는 건강검진을 실시
– 건강검진 결과를 수검자(보호자)에게 직접 교부하고 건강검진비용은 공단의 전산시스템(검진기관포탈)에 검진결과내역을 등록한 후 청구
  ※ 건강검진을 완료한 날로부터 30일 이내 청구
– 건강검진비용 지급내역은 공단 전산시스템(검진기관 포탈)에서만 확인 가능
• (공단) 검진비용 심사 및 지급
– 지사는 검진기관으로부터 접수된 청구내역의 오류·비대상·성적확인 건 등 심사
– 본부는 청구서 접수일로부터 15일 이내(예탁금 범위 내)에 검진비용을 지급
– 검진비용 환수는 청구되는 검사비용에서 전산상계. 다만, 휴·폐업 및 6개월간 장기 미청구 건 등 전산상계가 불가한 건은 지역보건의료정보시스템과 문서를 통해 해당 시·군·구 보건소로 통보하여 사후 관리하도록 조치
  ※ 의료급여법 제23조(부당이득의 징수), 제34조(끝수 및 소액의 처리)에 따라 사후관리
• (보건소) 지역보건의료정보시스템을 통해 예탁금 정산 현황 및 미환수 내역 확인·조치

4) 홍보 및 수검률 관리
- 현수막, 지역 언론 등을 이용하여 보건소에서 직접 수행
- 관내 영유아 보육시설, 보호시설 등을 통해 사업홍보 및 수검독려 안내
- 수검률 향상을 위한 대상자별 유선 검진안내 등 수검관리 지속 실시
- 영유아 검진 접근성 향상을 위해 관내 영유아 검진기관수 확대(공공의료기관 또는 보건기관 검진참여) 및 공휴일 검진 독려

5) 사후관리
- 영유아 검진결과 유소견자 및 추가 교육 희망자는 각종 모자보건 사업으로 연계하거나 지역사회서비스투자사업(영유아 발달지원서비스 및 아동인지능력 향상서비스 등) 담당인 관내 읍·면·동 사무소로 안내
- 영유아 검진결과 발달장애 의심 소견이 있는 경우는 '발달장애 정밀검사비 지원사업'으로 연계하고, 발달장애 영유아로 확인된 경우는 특수교육지원센터로 안내

5 다음 중 위의 사업 내용을 올바르게 이해하지 못한 것은?

① 공단에서는 건강검진 대상자에게 대상자임을 알릴 수 있는 다양한 방법을 통하여 사전 고지하는 서비스를 실시한다.

② 검진기관은 검진비용을 시·군·구 보건소에 청구하여 예탁금 범위 내에서 지급받게 된다.

③ 검진 수검률을 높이기 위해 공휴일에도 검진을 실시한다.

④ 발달장애가 있는 영유아는 정밀검사비를 지원받아 특수교육을 받을 수 있다.

> ✅ 해설 검진기관은 검진비용을 공단에 청구하여 공단 본부에서는 심사 후 검진비용을 지급하게 된다. 검진비용은 시·군·구 보건소에서 공단으로 예탁하는 것이며, 예탁 범위 내에서 지급된다고 설명되어 있다.
> ① SMS, E-mail 등의 방법을 통하여 사전 고지하며, 건강검진표를 개인별 주소지를 발송한다. 또한 홍보 및 수검률 관리를 통해 지속적으로 수검독려를 안내한다.
> ③ 공휴일 검진을 독려한다고 설명되어 있다.
> ④ 발달장애 영유아에 대한 사후 관리의 내용으로 소개하고 있다.

6 다음은 위와 같은 사업 진행에 따라 필요한 문서 중 하나에 포함되는 양식의 일부이다. 다음 문서의 이름으로 가장 적절한 것은?

(			)	
검사대상자	성명		주민등록번호	
	주소		연락처	
구분	검사항목	검사결과		
	인지검사			
	언어검사			
	작업검사			
검사의사 소견 (재활치료 필요 여부)	• 검사항목, 검사결과, 장애정도를 구체적으로 기재			
검사결과	☐ 정상 ☐ 비정상(병명 :) * 뇌병변, 지적, 자폐성, 언어 등 예견되는 장애유형 기재			
검사일		담당의사	면허번호	
			의 사 명	(서명)

① 발달장애 정밀검사비 청구서
② 발달장애 정밀검사 대상자 확인서
③ 발달장애 정밀검사 의뢰서
④ 발달장애 정밀검사 결과통보서

✔해설 발달장애에 대한 검사항목, 검사결과, 검사의사 소견 등이 포함된 것으로 보아 '발달장애 정밀검사 결과 통보서'라는 것을 추측할 수 있다. 위와 같은 결과통보서의 의사 소견에 따라 '발달장애 정밀검사비 지원사업'으로 연계되어, 발달장애 영유아로 확인된 경우는 특수교육지원센터로 안내되는 것이 영유아 건강검진 사업의 사후관리 핵심 내용이다.

7 건강보험료는 재산, 소득, 보유 자동차 등을 확인하여 정해진 기준에 따라 산정된다. 보유 자동차 확인에 관한 다음 설명을 올바르게 이해하지 못한 것은?

자동차 보유 확인 방법

1. 정의 : 지방세법 제124조의 규정에 의한 자동차
   –(종류) 승용자동차, 승합자동차, 화물자동차, 특수자동차, 이륜자동차
2. 조사방법
   • 국토교통부의 차량소유 정보 및 보험개발원의 차량기준가액 등을 활용하여 정보 시스템에 의해 제공되는 차량가액정보를 반영
      ※ 자동차 가액 평가 기준 우선순위
         (1순위) 보험개발원 (2순위) 지방세정 (3순위) 국토부 취득가액 (4순위) 실제거래가격 또는 유사한 종류의 시가표준액
         * '최초취득가액×잔가율'과 '취득가액×잔가율' 중 큰 금액
      ※ 보험개발원의 차량가액정보는 사업연도 전환과 확인조사 시 최근 자료를 반영(연 3회)하며 지방세정의 시가표준액정보는 사업연도 전환 시 갱신(연 1회)
3. 조회결과 적용
   • 자동차 분실 · 도난 시 '자동차말소등록증'을 제출한 경우 재산산정에서 제외
      ※ '차량도난확인서' 제출만으로는 재산산정 제외 불가
   • 명의도용 등의 경우 수사기관 및 법원의 최종 확인(수사종결 · 판결)이 있는 경우에만 인정
   • 법인등기하지 않은 단체(대표자의 명의로 차량 등록)의 차량은 재산 산정에서 제외
      ※ 확인사항 : 단체명이 함께 표기된 자동차등록증, 법인 · 단체의 지출증빙서류(자동차세납부, 유류비 지출여부 등)
   • 공동명의 자동차의 경우 소유지분율을 적용하지 않으며, 수급(권)자의 재산으로 전액 산정
   –다만 동일 가구수급자 내 동일 차량이 2대 이상으로 조회된 경우에는 1대만 재산으로 반영
   –수급자와 부양의무자가 동일 차량이 조회된 경우에는 수급자의 재산으로만 반영(부양의무자의 재산으로는 미반영)
   • 전기자동차도 조회된 차량가액(보조금 포함)만큼 재산으로 산정
   –단, 전기자동차를 처분하여 보조금을 반환한 경우에는 반환금액만큼 재산에서 제외하고 기타 산정되는 재산으로 반영
   • 전기자동차는 「자동차관리법 시행규칙」에 따른 차종으로 배기량 기준 부합여부 판단

---

① 자동차 구매 가격과 구매 연도 모두가 차량소유에 의한 보험료 산정에 반영된다.

② 지방세정의 시가표준액 정보와 실제거래가격이 상이할 경우에는 전자의 기준에 따른 금액이 적용된다.

③ 자동차를 분실하여 차량도난확인서를 제출한 경우에는 재산산정에서 자동차가 제외된다.

④ 수급자인 남편 40%, 부양가족인 아내 60%의 지분으로 공동명의 등록된 차량의 경우 전액 남편의 차량인 것으로 인정된다.

✔ 해설 차량도난확인서 뿐만 아니라 자동차말소등록증을 제출하여야 재산산정에서 제외된다고 명시되어 있다.
① 취득가액과 잔가율이 적용된다는 점으로 구매 가격과 구매 연도(감가상각을 제외한 잔가율 적용)에 따라 산정되는 보험료 기준이 달라진다고 판단할 수 있다.
② 지방세정의 시가표준액 정보는 자동차 가액 평가 기준은 2순위이며, 실제거래가격은 4순위에 해당된다.
④ '공동명의 자동차의 경우 소유지분율을 적용하지 않으며, 수급(권)자의 재산으로 전액 산정'된다고 언급되어 있다.

8 다음 글의 문맥상 빈 칸 ㈎에 들어갈 가장 적절한 말은?

여름이 빨리 오고 오래 가다보니 의류업계에서 '쿨링'을 콘셉트로 하는 옷들을 앞 다투어 내놓고 있다. 그물망 형태의 옷감에서 냉감(冷感)을 주는 멘톨(박하의 주성분)을 포함한 섬유까지 접근방식도 제각각이다. 그런데 가까운 미래에는 미생물을 포함한 옷이 이 대열에 합류할지도 모르겠다. 박테리아 같은 미생물은 여름철 땀 냄새의 원인이라는데 어떻게 옷에 쓰일 수 있을까.

생물계에서 흡습형태변형은 널리 관찰되는 현상이다. 솔방울이 대표적인 예로 습도가 높을 때는 비늘이 닫혀있어 표면이 매끈한 덩어리로 보이지만 습도가 떨어지면 비늘이 삐죽삐죽 튀어나온 형태로 바뀐다. 밀이나 보리의 열매(낟알) 끝에 달려 있는 까끄라기도 습도가 높을 때는 한 쌍이 거의 나란히 있지만 습도가 낮아지면 서로 벌어진다. 이런 현상은 한쪽 면에 있는 세포의 길이(크기)가 반대쪽 면에 있는 세포에 비해 습도에 더 민감하게 변하기 때문이다. 즉 습도가 낮아져 세포 길이가 짧아지면 그쪽 면을 향해 휘어지는 것이다.

MIT의 연구자들은 미생물을 이용해서도 이런 흡습형태변형을 구현할 수 있는지 알아보기로 했다. 즉 습도에 영향을 받지 않는 재질인 천연라텍스 천에 농축된 대장균 배양액을 도포해 막을 형성했다. 대장균은 별도의 접착제 없이도 소수성 상호작용으로 라텍스에 잘 달라붙는다. 라텍스 천의 두께는 $150 \sim 500 \mu m$(마이크로미터. $1 \mu m$는 100만분의 1m)이고 대장균 막의 두께는 $1 \sim 5 \mu m$다. 이 천을 상대습도 15%인 건조한 곳에 두자 대장균 세포에서 수분이 빠져나가며 대장균 막이 도포된 쪽으로 휘어졌다. 이 상태에서 상대습도 95%인 곳으로 옮기자 천이 서서히 펴지며 다시 평평해졌다. 이 과정을 여러 차례 반복해도 같은 현상이 재현됐다.

연구자들은 원자힘현미경(AFM)으로 대장균 막을 들여다봤고 상대습도에 따라 크기(부피)가 변한다는 사실을 확인했다. 즉 건조한 곳에서는 대장균 세포부피가 30% 정도 줄어드는데 이 효과가 천에서 세포들이 나란히 배열된 쪽을 수축시키는 현상으로 나타나 그 방향으로 휘어지는 것이다. 연구자들은 이런 흡습형태변형이 대장균만의 특성인지 미생물의 일반 특성인지 알아보기 위해 몇 가지 박테리아와 단세포 진핵생물인 효모에 대해서도 같은 실험을 해봤다. 그 결과 정도의 차이는 있었지만 패턴은 동일했다.

다음으로 연구자들은 양쪽 면에 미생물이 코팅된 천이 쿨링 소재로 얼마나 효과적인지 알아보기로 했다. 연구팀은 흡습형태변형이 효과를 낼 수 있도록 독특한 형태로 옷을 디자인했다. 즉, (　　　　　㈎　　　　　)

그 결과 공간이 생기면서 땀의 배출을 돕는다. 측정 결과 미생물이 코팅된 천으로 만든 옷을 입을 경우 같은 형태의 일반 천으로 만든 옷에 비해 피부 표면 공기의 온도가 2도 정도 낮아 쿨링 효과가 있는 것으로 나타났다.

① 체온이 높은 등 쪽으로 천이 휘어지게 되는 성질을 이용해 평상시에는 옷이 바깥쪽으로 더 튀어나오도록 디자인했다.

② 미생물이 코팅된 천이 땀으로 인한 습도의 영향을 잘 받을 수 있도록 옷의 안쪽 면에 부착하여 옷의 바깥쪽과는 완전히 다른 환경을 유지할 수 있도록 디자인했다.

③ 땀이 많이 나는 등 쪽에 칼집을 낸 형태로 만들어 땀이 안 날 때는 평평하다가 땀이 나면 피부 쪽 면의 습도가 높아져 미생물이 팽창해 천이 바깥쪽으로 휘어지도록 디자인했다.

④ 땀이 나서 습도가 올라가면 등 쪽의 세포 길이가 짧아질 것을 고려해 천이 안쪽으로 휘어져 공간이 생길 수 있도록 디자인했다.

> ✔해설 흡습형태변형은 한쪽 면에 있는 세포의 길이(크기)가 반대쪽 면에 있는 세포에 비해 습도에 더 민감하게 변하여, 습도가 낮아져 세포 길이가 짧아지면 그쪽 면을 향해 휘어지는 것을 의미한다고 언급되어 있다. 따라서 등에 땀이 나면 세포 길이가 더 짧은 바깥쪽으로 옷이 휘어지게 되므로 등 쪽 면에 공간이 생기게 되는 원리를 이용한 것임을 알 수 있다.

9 다음 제시된 문장 (가)~(라)를 문맥에 맞는 순서로 올바르게 배열한 것은?

> (가) 과학과 기술의 발전으로 우리는 적어도 기아와 질병 등의 문제로부터 어느 정도 탈출했다.
> (나) 새롭게 다가올 것으로 예상되는 재앙으로부터 우리를 보호해 줄 과학 기술은 아직 존재하지 않는 것이다.
> (다) 많은 기후학자들은 이상 기상현상이 유례없이 빈번하게 발생하는 원인을 지구온난화 현상에서 찾고 있다.
> (라) 그러나 과학과 기술의 발전으로 이룬 산업발전은 지구온난화라는 부작용을 만들어냈다.

① (라) - (가) - (다) - (나)　　　② (나) - (라) - (다) - (가)
③ (가) - (다) - (라) - (나)　　　④ (가) - (라) - (다) - (나)

> ✔해설 주어진 네 개의 문장은 과학과 기술의 발전이 우리에게 닥친 재앙을 해결하고 인류를 보호해 줄 수 있느냐의 문제를 다루고 있다. 따라서 가장 먼저 화두를 던질 문장으로 적절한 것은 (가)이다. 이를 이어, 과학과 기술 발전의 문제점을 제시하며 반전을 이루는 (라)의 문장이 연결되어야 다음 문장들이 자연스럽게 등장할 수 있다. 또한 (라)에서 언급된 지구온난화에 의해 (다)와 같은 기상이변이 발생된 것이며, 이러한 기상이변이 '새로운 재앙'을 의미하게 되어 (나)에서 준비되지 않은 인류의 문제점을 제시할 논리적 근거가 마련된 것으로 볼 수 있다. 따라서 (가) - (라) - (다) - (나)의 순서가 적절하다.

Answer 8.③ 9.④

┃10~11┃ 다음은 건강보험정책연구원 M대리가 '제××차 건강과 의료 고위자 과정 모집안내'에 대한 안내 문서를 작성한 것이다. 이를 읽고 이어지는 물음에 답하시오.

〈모집요강〉

수업기간	202×. 4. 1 ~ 7. 15 (14주)
수업일시	매주 금요일 18시 30분 ~ 21시 (석식제공)
모집인원	45명
지원자격	• 의료기관의 원장 및 관리책임자 • 정부, 국회 및 정부투자기관의 고위관리자 • 전문기자 및 보건의료계 종사자
접수기간	202×. 3. 8 ~ 3. 22
접수장소	국민건강보험 일산병원 연구기획팀(우편, 이메일 접수 가능)
제출서류	• 입학지원서 1부 • 사진 2매(입학지원서 부착 및 별도 1매), 여권사본 1부(해외워크숍 참가 시) ※ 입학지원서 양식은 홈페이지에서 다운로드 가능
합격자 발표	202×. 3. 25(금) 개별통보
수료기준	과정 60% 이상 출석 시 수료증 수여
교육장소	• 국민건강보험공단 서울지역본부 대회의실(6층) • 국민건강보험 일산병원 대회의실(4층)
수강료	• 등록금 : 100만 원 -합격자에 한하여 아래의 계좌로 입금하여 주십시오. -계좌번호 : ××은행 527-000116-0000 국민건강보험공단 일산병원 ※ 해외연수 비용은 별도(추후 공지)

10 M대리가 작성한 문서를 검토한 선배 사원은 문서의 형식과 내용상의 일부 수정 사항을 다음과 같이 지적하였다. 다음 중 선배 사원의 적절한 지적으로 볼 수 없는 것은?

① "날짜를 표기할 때에는 연월일 숫자 다음에 반드시 온점(.)을 찍는 것이 기본 원칙이야."

② "개인정보 수집 및 이용 동의서 작성이 필요한지를 반드시 알려주어야 해."

③ "공문서에 시간을 적을 때에는 24시각제로 표기하되, '시', '분' 등의 말은 빼고 쌍점(:)을 찍어 '18:30'처럼 표기해야 되는 것 잊지 말게."

④ "대외적으로 배포할 안내 문서를 작성할 때에는 항상 '문의 및 연락처'를 함께 적어야 불편함을 줄일 수 있어."

> **✔해설** 개인정보 수집 및 이용 동의서, 개인정보 제공 동의서 등은 동의 여부를 개인정보 제공자의 자유의사로 선택할 수 있으므로 필요한 경우 작성을 요청할 수 있으나, 모집요강에 반드시 포함되어야 할 사항은 아니다.
> ① 202×. 4. 1 ~ 7. 15 → 202×. 4. 1. ~ 7. 15. 로 표기해야 한다.
> ③ 18시 30분 ~ 21시 → 18 : 30 ~ 21 : 00 으로 표기해야 한다.
> ④ 대외적으로 배포하는 안내문에서는 문의 및 연락처, 기타 사항 등을 통하여 담당부서, 연락처 등을 함께 기재하는 것이 일반적이다.

11 위의 모집안내문을 읽고 판단한 다음과 같은 의견 중, 안내문의 내용과 일치하지 않는 것은?

① "매주 금요일 저녁 저 시간에 수업을 하려면 저녁 시간이 애매한데, 석식을 제공한다니 괜찮네."

② "매우 유용한 과정이 될 것 같은데, 후배 중 의학전문기자가 있으니 수강해 보라고 알려줘야겠군."

③ "오늘이 접수 마감일인데 일산까지 찾아갈 수도 없으니 이메일로라도 신청해봐야겠네."

④ "나는 수업기간 중 2주 정도 출장 때문에 출석이 어렵겠네. 좋은 기회인데 안타깝군."

> **✔해설** 수료기준으로 60% 이상 출석을 요구하고 있다. 따라서 총 14주차 수업이므로 5주차 정도의 수업까지 참석하지 못해도 수료증이 수여된다.

Answer 10.② 11.④

12 다음 글의 내용을 참고할 때, 빈 칸에 들어갈 가장 적절한 말은?

> 사람을 비롯한 포유류에서 모든 피를 만드는 줄기세포는 뼈에 존재한다. 그러나 물고기의 조혈 줄기세포(조혈모세포)는 신장에 있다. 신체의 특정 위치 즉 '조혈 줄기세포 자리(blood stem cell niche)'에서 피가 만들어진다는 사실을 처음 알게 된 1970년대 이래, 생물학자들은 생물들이 왜 서로 다른 부위에서 이 기능을 수행하도록 진화돼 왔는지 궁금하게 여겨왔다. 그 40년 뒤, 중요한 단서가 발견됐다. 조혈 줄기세포가 위치한 장소는 (   ) 진화돼 왔다는 사실이다.
>
> 이번에 발견된 '조혈 줄기세포 자리' 퍼즐 조각은 조혈모세포 이식의 안전성을 증진시키는데 도움이 될 것으로 기대된다. 연구팀은 실험에 널리 쓰이는 동물모델인 제브라피쉬를 관찰하다 영감을 얻게 됐다.
>
> 프리드리히 카프(Friedrich Kapp) 박사는 "현미경으로 제브라피쉬의 조혈 줄기세포를 관찰하려고 했으나 신장 위에 있는 멜라닌세포 층이 시야를 가로막았다"고 말했다. 멜라닌세포는 인체 피부 색깔을 나타내는 멜라닌 색소를 생성하는 세포다.
>
> 카프 박사는 "신장 위에 있는 멜라닌세포의 모양이 마치 파라솔을 연상시켜 이 세포들이 조혈줄기세포를 자외선으로부터 보호해 주는 것이 아닐까 하는 생각을 하게 됐다"고 전했다. 이런 생각이 들자 카프 박사는 정상적인 제브라피쉬와 멜라닌세포가 결여된 변이 제브라피쉬를 각각 자외선에 노출시켰다. 그랬더니 변이 제브라피쉬의 조혈 줄기세포가 줄어드는 현상이 나타났다. 이와 함께 정상적인 제브라피쉬를 거꾸로 뒤집어 자외선을 쬐자 마찬가지로 줄기세포가 손실됐다.
>
> 이 실험들은 멜라닌세포 우산이 물리적으로 위에서 내리쬐는 자외선으로부터 신장을 보호하고 있다는 사실을 확인시켜 주었다.

① 줄기세포가 햇빛과 원활하게 접촉할 수 있도록
② 줄기세포에 일정한 양의 햇빛이 지속적으로 공급될 수 있도록
③ 멜라닌 색소가 생성되기에 최적의 공간이 형성될 수 있도록
④ 햇빛의 유해한 자외선(UV)으로부터 이 줄기세포를 보호하도록

✔ 해설　제브라피쉬의 실험은 햇빛의 자외선으로부터 줄기세포를 보호하는 멜라닌 세포를 제거한 후 제브라피쉬를 햇빛에 노출시켜 본 사실이 핵심적인 내용이라고 할 수 있다. 따라서 이를 통하여 알 수 있는 결론은, 줄기세포가 존재하는 장소는 햇빛의 자외선으로부터 보호받을 수 있는 방식으로 진화하게 되었다는 것이 타당하다고 볼 수 있다.

13 다음은 농어촌 주민의 보건복지 증진을 위해 추진하고 있는 방안을 설명하는 예시글이다. 주어진 단락 (가)~(라) 중 농어촌의 사회복지서비스를 소개하고 있는 단락은?

> (가) 「쌀 소득 등의 보전에 관한 법률」에 따른 쌀 소득 등 보전직접 지불금 등은 전액 소득인정액에 반영하지 않으며, 농어민 가구가 자부담한 보육비용의 일부, 농어업 직접사용 대출금의 상환이자 일부 등을 소득 산정에서 제외하고 있다. 또한 경작농지 등 농어업과 직접 관련되는 재산의 일부에 대해서도 소득환산에서 제외하고 있다.
>
> (나) 2021년까지 한시적으로 농어민에 대한 국민연금보험료 지원을 실시하고 있다. 기준소득 금액은 910천 원으로 본인이 부담할 연금보험료의 1/2를 초과하지 않는 범위 내에서 2017년 최고 40,950원/월을 지원하였다.
>
> (다) 급격한 농어촌 고령화에 따라 농어촌 지역에 거주하는 보호가 필요한 거동불편노인, 독거노인 등에게 맞춤형 대책을 제공하기 위한 노인돌보기, 농어촌 지역 노인의 장기요양 욕구 충족 및 부양가족의 부담 경감을 위한 노인요양시설 확충 등을 추진하고 있다.
>
> (라) 농어촌 지역 주민의 암 조기발견 및 조기치료를 유도하기 위한 국가 암 검진 사업을 지속적으로 추진하고, 농어촌 재가암환자서비스 강화를 통하여 농어촌 암환자의 삶의 질 향상, 가족의 환자 보호·간호 등에 따른 부담 경감을 도모하고 있다.

① (가) 　　　　　　　　　② (나)

③ (다) 　　　　　　　　　④ (라)

✔ 해설　(다)의 내용은 농어촌 특성에 적합한 고령자에 대한 복지서비스를 제공하는 모습을 설명하고 있다.
　　　　(가) 농어촌에 대한 국민 기초생활보장제도의 특례를 적용함으로써 국민기초생활보장 및 자활지원 사업의 일환으로 볼 수 있다.
　　　　(나) 사회보험 보장성 강화의 일환으로 국민연금보험료 지원에 대한 내용을 설명하고 있다.
　　　　(라) 사회복지서비스 차원이라기보다 보건의료 기반을 개선하는 정책으로 보는 것이 더 타당하다.

14 다음에 제시되는 글과 내용에 포함된 표를 참고할 때, 뒤에 이어질 단락에서 다루어질 내용이라고 보기 어려운 것은?

> 에너지의 사용량을 결정하는 매우 중요한 핵심인자는 함께 거주하는 가구원의 수이다. 다음의 표에서 가구원 수가 많아질수록 연료비 지출액 역시 함께 증가하는 것을 확인할 수 있다.

가구원 수	비율	가구소득(천 원, %)		연료비(원, %)		연료비 비율
1명	17.0%	1,466,381	(100.0)	59,360	(100.0)	8.18%
2명	26.8%	2,645,290	(180.4)	96,433	(162.5)	6.67%
3명	23.4%	3,877,247	(264.4)	117,963	(198.7)	4.36%
4명	25.3%	4,470,861	(304.9)	129,287	(217.8)	3.73%
5명 이상	7.5%	4,677,671	(319.0)	148,456	(250.1)	4.01%

> 하지만 가구원 수와 연료비는 비례하여 증가하는 것은 아니며, 특히 1인 가구의 지출액은 3인이나 4인 가구의 절반 수준, 2인 가구와 비교하여서도 61.5% 수준에 그친다. 연료비 지출액이 1인 가구에서 상대적으로 큰 폭으로 떨어지는 이유는 1인 가구의 가구유형에서 찾을 수 있다. 1인 가구의 40.8%가 노인가구이며, 노인가구의 낮은 소득 수준이 연료비 지출을 더욱 압박하는 효과를 가져왔을 것이다. 하지만 1인 가구의 연료비 감소폭에 비해 가구소득의 감소폭이 훨씬 크며, 그 결과 1인 가구의 연료비 비율 역시 3인 이상인 가구들에 비해 두 배 가까이 높게 나타난다. 한편, 2인 가구 역시 노인가구의 비율이 21.7%로, 3인 이상 가구 6.8%에 비해 3배 이상 높게 나타난다.

① 가구 소득분위별 연료비 지출 현황
② 연령대별 가구소득 및 노인 가구 소득과의 격차 비교
③ 가구주 연령대별 연료비 지출 내역
④ 과거 일정 기간 동안의 연료비 증감 내역

✔ **해설** 제시된 글에서 필자가 말하고자 하는 바는, 1인 가구의 대다수는 노인 가구가 차지하고 있으며 노인 가구는 소득 수준은 낮은 데 반해 연료비 비율이 높다는 문제점을 지적하고자 하는 것이다. 따라서 보기 ①~③의 내용은 필자의 언급 내용과 직접적인 연관성이 있는 근거 자료가 될 수 있으나, 과거의 연료비 증감 내역은 반드시 근거로써 제시되어야 할 것이라고 볼 수는 없다.

▌15~16 ▌ 다음 글을 읽고 이어지는 물음에 답하시오.

현행 건강보험수가제도는 행위별 수가제를 근간으로 하며, 동 제도는 의료기관의 진찰, 검사, 처치 등 각각의 진료 행위들을 일일이 계산하여 사후적으로 비용을 지불하는 방식이다. 이러한 행위별 수가제는 급격한 진료량 증가와 이에 따른 의료비용 상승 가속화의 요인이 되고 있으며, 그 밖에도 의료서비스 공급 형태의 왜곡, 수가 관리의 어려움, 의료기관의 경영 효율화 유인장치 미비 등 많은 문제점들이 파생되었다.

이에 보건복지부는 행위별 수가제의 문제점을 개선하고 다양한 수가지불제도를 운영하기 위한 방안으로 질병군별 포괄수가제도의 도입을 추진하게 되었다. 이를 위해 1995년 1월에 질병군별(DRG) 지불제도 도입 검토협의회를 구성하고, 일부 질병군을 대상으로 희망의료기관에 한하여 1997년부터 질병군별 포괄수가제도 시범사업을 시작하여 2001년까지 제3차 시범사업을 실시하였다.

동 시범사업 실시 및 평가를 통하여 2002년부터 8개 질병군에 대하여 요양기관에서 선택적으로 참여하는 방식으로 본 사업을 실시하였고 2003년 9월 이후에는 정상 분만을 제외하여 7개 질병군(수정체수술, 편도선수술, 항문수술, 탈장수술, 맹장수술, 자궁수술, 제왕절개 수술)을 선택 적용하였다. 2012년 7월 병·의원급에 당연적용 및 2013년 7월 종합병원급 이상 모든 의료기관을 대상으로 확대 적용하였다.

한편, 7개 질병군 포괄수가제도가 비교적 단순한 수술에 적합한 모형으로 개발되어 중증질환 등 복잡한 수술을 포함하는 전체 질병군으로 확대하기 어렵다는 한계가 있다. 이를 극복하기 위해 2009년 4월부터 국민건강보험공단 일산병원에 입원한 환자를 대상으로 신포괄수가 시범 사업을 실시하여 2011년 7월부터는 지역거점 공공병원으로 시범사업을 확대 실시하고, 2016년 말 기준으로 41개 병원, 559개 질병군을 대상으로 시범사업을 실시하고 있다.

15 다음 중 윗글의 작성에 사용된 기술 방식으로 적절하지 않은 것은?

① 원인 제시와 그에 따른 개선된 결과물의 도출을 언급하고 있다.
② 특정 정부 정책의 도입 배경과 도입 시점을 설명하고 있다.
③ 새로운 정책이 적용되는 사례를 제시하였다.
④ 직·간접 인용을 통하여 현장감 있는 주장을 펼치고 있다.

> **✔해설** 따옴표("")를 사용한 직접 인용이나 간접 인용 등의 기술 방법은 사용되지 않았다.
> ①② 포괄수가제가 도입되게 된 배경으로 과거의 문제점과 그에 따른 개선안으로 포괄수가제가 어느 시점부터 등장했음을 글의 도입부에 설명하고 있다.
> ③ 포괄수가제에 해당되는 7개 질병군을 모두 열거하여 그 적용 사례를 제시하였다.

16 윗글을 통해 포괄수가제를 이해한 다음의 설명 중 글의 내용과 부합되지 않는 것은?

① 포괄수가제는 부도덕한 의료서비스의 공급만을 개선하기 위한 것은 아니다.

② 공단은 포괄수가제를 7개 해당 질병군에서 더 확대 적용하기 위한 노력을 하고 있다.

③ 포괄수가제는 이전의 행위별 수가제이던 것을 일부 질병군에 한해 질병군별 수가제로 변경한 제도이다.

④ 시범사업 기간인 만큼 7개 질병군에 해당되어도 대형 병원에서 진료 시에는 포괄수가제 적용 여부를 사전에 확인하여야 한다.

✔ 해설 포괄수가제는 이미 병·의원급과 종합병원급 이상 모든 의료기관을 대상으로 적용되고 있으며, 시범사업 중인 것은 신포괄수가 제도를 의미한다. (신포괄수가 제도는 포괄수가와 행위별 수가를 혼합한 형태이다)

① 의료서비스 공급 형태의 왜곡, 수가 관리의 어려움, 의료기관의 경영 효율화 유인장치 미비 등 다양한 문제점들을 개선하고자 탄생한 것이 포괄수가제이다.

② 확대 적용을 위해 활발한 시범사업을 진행하고 있다.

③ 포괄수가제 실시를 기준으로 (7개 질병군에 한해) 이전에는 행위별, 이후에는 질병군별 수가를 적용하게 되는 것이다.

17 다음은 甲공단 신규채용자의 결격사유이다. A~D 중 2024년 하반기 甲공단 신입사원에 채용될 수 있는 사람은?

---

1. 피성년후견인 또는 피한정후견인
2. 파산(破産)선고를 받고 복권되지 아니한 자
3. 금고(禁錮) 이상의 실형을 선고받고 그 집행이 종료되거나 집행을 받지 아니하기로 확정된 후 5년이 지나지 아니한 자
4. 금고(禁錮) 이상의 형을 선고받고 그 집행유예기간이 끝난 날로부터 2년이 지나지 아니한 자
5. 금고(禁錮) 이상의 형의 선고유예를 받은 경우에 그 선고유예 기간 중에 있는 자
6. 징계(懲戒)에 의하여 해임의 처분을 받은 때로부터 5년이 지나지 아니한 자
7. 법원의 판결 또는 법률에 의하여 자격이 상실 또는 정지된 자
8. 공무원 또는 공공기관의 운영에 관한 법률에서 정한 공공기관의 임직원으로 재직 중 직무와 관련하여 형법 제355조(횡령, 배임) 및 제356조(업무상의 횡령과 배임)에 규정된 죄를 범한 자로서 300만 원 이상의 벌금형을 선고받고 그 형이 확정된 후 2년이 지나지 아니한 자
9. 병역법 제76조에서 정한 병역의무 불이행자
10. 입사제출서류에 허위사실이 발견된 자
11. 신체검사 결과 불합격으로 판정된 자
12. 「부패방지 및 국민권익위원회의 설치와 운영에 관한 법률」 제 82조에 따른 비위면직자 등의 취업제한 적용을 받는 자

---

① 징역 1년 6월을 선고받고 2020년 12월 31일자로 복역을 마친 A씨
② 공무원으로 재직 중 2023년 1월 1일 업무상의 횡령으로 100만 원의 벌금형이 확정된 B씨
③ 2019년 12월 31일 징계에 의하여 해임처분을 받은 C씨
④ 입사제출서류에 어학성적을 허위로 작성한 D씨

✔ 해설 ② 8번 조항의 결격사유에 해당하기 위해서는 300만 원 이상의 벌금형을 선고받아야 한다.
① 3번 조항에서 집행이 종료된 후 5년이 지나지 않았다.
③ 6번 조항에서 처분을 받은 때로부터 5년이 지나지 않았다.
④ 10번 조항에 해당한다.

18 다음 글을 바탕으로 볼 때 만족감이 가장 클 것으로 기대되는 사례는?

> 우리의 경제 활동을 들여다보면 가끔 이해하기 어려운 현상을 만날 때가 있다. 예컨대, 똑같이 백만 원을 벌었는데도 어떤 사람은 만족하고 어떤 사람은 만족하지 못한다. 또 한 번도 당첨된 적이 없는데도 복권을 사는 데 많은 돈을 쓰는 사람들이 있다. 왜 그럴까? 지금부터 '준거점'과 '손실회피성'이라는 개념을 통해 이러한 현상의 원인을 이해해 보자.
>
> 먼저 다음 예를 살펴보자. A의 용돈은 만 원, B의 용돈은 천 원이다. 그런데 용돈에 변화가 생겨서 A의 용돈은 만천 원이 되고, B의 용돈은 이천 원이 되었다. 이때 둘 중에 누가 더 만족할까? 객관적인 기준으로 본다면 A는 B보다 여전히 더 많은 용돈을 받으므로 A가 더 만족해야 한다. 그러나 용돈이 천 원 오른 것에 대해 A는 원래 용돈인 만 원을 기준으로, B는 천 원을 기준으로 그 가치를 느낄 것이므로 실제로는 B가 더 만족할 것이다. 이렇게 경제적인 이익이나 손실의 가치를 판단할 때 작동하는 내적인 기준을 경제 이론에서는 '준거점'이라고 한다. 사람들은 이러한 준거점에 의존하여 이익과 손실의 가치를 판단한다.
>
> 그런데 사람들은 똑같은 금액의 이익과 손실이 있을 때, 이익으로 인한 기쁨보다 손실로 인한 고통을 더 크게 느낀다. 즉, 백만 원이 생겼을 때 느끼는 기쁨보다 백만 원을 잃었을 때 느끼는 슬픔을 더 크게 느낀다는 것이다. 이러한 심리적 특성으로 인해 사람들은 경제 활동을 할 때 손실이 일어나는 것을 회피하려는 경향이 있다. 이것을 '손실회피성'이라고 한다.
>
> 손실회피성은 주식에 투자하는 사람들의 행동에서 쉽게 찾아 볼 수 있다. 주식에 십만 원을 투자했는데 오만 원을 잃은 사람이 있다고 가정하자. 그가 그 시점에서 주식 투자를 그만 두면 그는 확실히 오만 원의 손실을 입는다. 그러나 주식 투자를 계속하면 이미 잃은 오만 원은 확실한 손실이 아닐 수 있다. 왜냐하면 주식 투자를 계속 할 경우 잃은 돈을 다시 벌 수 있는 가능성이 있기 때문이다. 이러한 상황에서 사람들은 확실한 손실보다는 불확실한 손실을 선택하여 자신이 입을 손실을 회피하려고 한다.

① 인턴사원 A는 급여가 백만 원에서 백십만 원으로 인상되었다.

② 아르바이트생 B는 오십만 원의 급여를 받다가 이달부터 육십만 원을 받게 되었다.

③ 신입사원 C는 연봉 이천오백만 원을 받았는데 올해부터 삼천오백만 원을 받았다.

④ 인턴사원 D는 백만 원씩 받던 급여를 이달부터 이백만 원씩 받았다.

> ✔ **해설** 준거점에 근거하여 만족감이 큰 순으로 나열하면 D > C > B > A이다.
> ④ 인턴사원 D의 준거점은 백만 원으로 준거점 대비 100% 인상되었다.
> ① 인턴사원 A의 준거점은 백만 원으로 준거점 대비 10% 인상되었다.
> ② 아르바이트생 B의 준거점은 오십만 원으로 준거점 대비 20% 인상되었다.
> ③ 신입사원 C의 준거점은 이천오백만 원으로 준거점 대비 40% 인상되었다.

19 다음의 실험 보고서를 보고 〈실험 결과〉와 양립 가능한 의견을 낸 직원을 모두 고르면?

쥐는 암수에 따라 행동양상을 다르게 나타낸다. 쥐가 태어날 때 쥐의 뇌는 무성화되어 있다. 그런데 출생 후 성체가 되기 전에 쥐의 뇌가 에스트로겐에 노출되면 뇌가 여성화되고 테스토스테론에 노출되면 뇌가 남성화된다. 만약 출생 후 성체가 될 때까지 쥐의 뇌가 에스트로겐이나 테스토스테론에 노출되지 않으면, 외부 생식기의 성 정체성과는 다르게 뇌는 무성화된 상태로 남아 있다.

행동 A와 행동 B는 뇌의 성 정체성에 의해 나타나며, 행동 A는 암컷 성체에서 에스트로겐에 의해 유발되는 행동이고, 행동 B는 수컷 성체에서 테스토스테론에 의해 유발되는 행동으로 알려져 있다. 생체 내에서 에스트로겐은 암컷 쥐의 난소에서만 만들어지고, 테스토스테론은 수컷 쥐의 정소에서만 만들어진다.

생리학자는 행동 A와 행동 B가 나타나는 조건을 알아보고자 실험을 하여 다음과 같은 실험 결과를 얻었다.

〈실험 결과〉

CASE 1. 성체 암컷 쥐는 난소를 제거하더라도 에스트로겐을 투여하면 행동 A가 나타났지만, 테스토스테론을 투여하면 행동 B가 나타나지 않았다.

CASE 2. 출생 직후 정소나 난소가 제거된 후 성체로 자란 쥐에게 에스트로겐을 투여하면 행동 A가 나타났지만, 테스토스테론을 투여하면 행동 B가 나타나지 않았다.

CASE 3. 출생 직후 쥐의 정소를 제거한 후 테스토스테론을 투여하였다. 이 쥐가 성체로 자란 후, 에스트로겐을 투여하면 행동 A가 나타나지 않았지만 테스토스테론을 투여하면 행동 B가 나타났다.

직원 A : 무성화된 뇌를 가진 성체 쥐에서 행동 A는 유발할 수 있지만 행동 B는 유발할 수 없다.

직원 B : 뇌가 남성화된 경우 테스토스테론을 투여하면 행동 B가 나타난다.

직원 C : 뇌가 여성화된 경우라도 난소를 제거하면 행동 A를 유발할 수 없다.

① 직원 A   ② 직원 C
③ 직원 A, B   ④ 직원 B, C

✔ 해설 직원 A의 의견은 CASE 2의 결과와 양립 가능하며, 직원 B의 의견은 CASE 3의 결과와 양립 가능하다. 그러나 직원 C의 의견은 CASE 1의 결과와 모순으로 실험 결과를 제대로 이해하지 못한 의견이다.

20 다음은 소셜 커머스 사이트의 뮤지컬 판매 현황표이다. 이를 참고하여 뮤지컬컴퍼니에서 홍보 회의를 진행할 때 ㈎에 들어갈 내용으로 가장 적절한 것은?

구분	공연	판매기간	판매정가	할인율	구매 인원
1	K뮤지컬	2023. 6. 6~6. 7	7만 원	50%	1,432명
2	L뮤지컬	2023. 6. 8	6만 원	60%	1,064명
3	K뮤지컬	2023. 7. 1~7. 30	7만 원	50%	1,041명
4	G뮤지컬	2023. 8. 5	6만 원	40%	1,520명

A사원 : 타 뮤지컬의 사례를 보면 소셜 커머스에서 티켓을 판매했을 때 단시간에 1,000장이 넘게 팔린 경우를 볼 수 있습니다. 우리 뮤지컬 홍보도 소셜 커머스를 활용할 수 있을 것 같은데요?
B사원 : 구매 인원수가 많기는 하지만 할인율도 40%~60%로 높으니 신중하게 생각해 볼 필요는 있을 것 같네요.
A사원 : 높은 할인율은 감안해야겠지만 소셜 커머스 사이트 메인에 공연 정보가 뜨게 되면 홍보 효과가 있다는 점도 고려해야 합니다. 구매량이 많을수록 소비자들의 관심도 더 끌 수 있고요.
B사원 : 그렇지요. 하지만 웹사이트에 값싼 티켓 판매 글이 계속 게재되는 것도 그만큼 재고가 많이 남아서 처분하려 한다는 부정적인 인상을 심어줄 수도 있지 않을까요?
A사원 : 그 부분은 소셜 커머스에서 티켓을 어떻게 판매하느냐에 따라 해결될 수 있습니다.
[㈎   ]

① 판매수익을 올리기 위해서 판매정가를 조절하면 됩니다.
② 한 가지 사이트가 아닌 다양한 소셜 커머스 사이트를 이용하면 됩니다.
③ 장기적인 판매보다는 일회적인 이벤트로 판매하면 됩니다.
④ 할인율을 높게 책정하여 빠른 시간에 티켓을 모두 판매하면 됩니다.

해설 ③ 웹사이트에 값싼 티켓 판매 글이 계속 게재되는 것이 재고가 많이 남아서 처분하려 한다는 부정적인 인상을 심어줄 수도 있으므로 장기적 판매가 아닌 일회적인 이벤트로 시행한다면 해결할 수 있다.

21 다음 글을 근거로 판단할 때, 2024년 3월 인사 파견에서 선발될 직원만을 모두 고르면?

- 공단에서는 소속 직원들의 역량 강화를 위해 정례적으로 인사 파견을 실시하고 있다.
- 인사 파견은 지원자 중 3명을 선발하여 1년 간 이루어지고 파견 기간은 변경되지 않는다.
- 선발 조건은 다음과 같다.
 - 과장을 선발하는 경우 동일 부서에 근무하는 직원을 1명 이상 함께 선발한다.
 - 동일 부서에 근무하는 2명 이상의 팀장을 선발할 수 없다.
 - 협력본부 직원을 1명 이상 선발한다.
 - 근무 평정이 70점 이상인 직원만을 선발한다.
 - 어학 능력이 '하'인 직원을 선발한다면 어학 능력이 '상'인 직원도 선발한다.
 - 직전 인사 파견 기간이 종료된 이후 2년 이상 경과하지 않은 직원을 선발할 수 없다.
- 2024년 3월 인사 파견의 지원자 현황은 다음과 같다.

직원	직위	근무 부서	근무 평정	어학 능력	직전 인사 파견 시작 시점
A	과장	협력본부	65	중	2020년 1월
B	과장	계통본부	75	하	2021년 1월
C	팀장	협력본부	90	중	2021년 7월
D	팀장	수출본부	70	상	2020년 7월
E	팀장	수출본부	75	중	2021년 1월
F	–	협력본부	75	중	2021년 1월
G	–	계통본부	80	하	2020년 7월

① A, D, F

② B, D, G

③ B, E, F

④ D, F, G

 해설 • 첫 번째 조건 : A를 선발한다면 C, F 중 1명 이상을, B를 선발한다면 G를 함께 선발
- 두 번째 조건 : D와 E는 함께 선발할 수 없다.
- 네 번째 조건 : A 선발 제외
- 여섯 번째 조건 : C 선발 제외
협력본부 소속인 A와 C가 선발에서 제외된 상황에서 세 번째 조건에 따라 협력본부 직원을 1명 이상 선발해야 하므로 F는 반드시 포함된다. F가 선발된 상황에서 B가 선발되려면 G가 함께 선발되어야 하는데, 이 경우 어학 능력이 중, 하, 하로 다섯 번째 조건에 맞지 않는다. 두 번째 조건에 따라 D와 E를 함께 선발할 수 없는 상황에서 다섯 번째 조건에 맞게 직원을 선발하면 D, F, G가 된다.

Answer 20.③ 21.④

22 甲사는 협력사인 乙사와의 물품 거래 과정에서 매매대금을 받지 못하여 乙사를 상대로 관할 지방법원에 매매대금지급 청구소송을 제기하였다. 관할지방법원은 甲사에 매매대금 지급청구권이 없다고 판단하여 2023년 11월 1일 원고 패소 판결을 선고하였다. 이 판결문은 甲사에 2023년 11월 10일 송달되었고, 乙사에는 2023년 11월 14일 송달되었다. 다음을 참고할 때 옳은 것은?

민사소송에서 판결은 다음의 어느 하나에 해당하면 확정되며, 확정된 판결에 대해서 당사자는 더 이상 상급심 법원에 상소를 제기할 수 없게 된다.

첫째, 판결은 선고와 동시에 확정되는 경우가 있다. 예컨대 대법원 판결에 대해서는 더 이상 상소할 수 없기 때문에 그 판결은 선고 시에 확정된다. 그리고 하급심 판결이라도 선고 전에 당사자들이 상소하지 않기로 합의하고 이 합의서를 법원에 제출할 경우, 판결은 선고 시에 확정된다.

둘째, 상소기간이 만료된 때에 판결이 확정되는 경우가 있다. 상소는 패소한 당사자가 제기하는 것으로, 상소를 하고자 하는 자는 판결문을 송달받은 날부터 2주 이내에 상소를 제기해야 한다. 이 기간 내에 상소를 제기하지 않으면 더 이상 상소할 수 없게 되므로, 판결은 상소기간 만료 시에 확정된다. 또한 상소기간 내에 상소를 제기하였더라도 그 후 상소를 취하하면 상소기간 만료 시에 판결은 확정된다.

셋째, 상소기간이 경과되기 전에 패소한 당사자가 법원에 상소포기서를 제출하면, 제출 시에 판결은 확정된다.

---

① 乙사는 2023년 11월 28일까지 상소할 수 있다.
② 甲사가 2023년 11월 28일까지 상소하지 않으면, 같은 날 판결은 확정된다.
③ 甲사가 2023년 11월 11일 상소한 후 2023년 12월 1일 상소를 취하하였다면, 취하한 때 판결은 확정된다.
④ 甲사와 乙사가 상소하지 않기로 하는 내용의 합의서를 2023년 10월 25일 법원에 제출하였다면, 판결은 2023년 11월 1일 확정된다.

> ✔ 해설 ④ 선고 전에 당사자들이 상소하지 않기로 합의하고 이 합의서를 법원에 제출하였으므로 판결은 선고 시인 2023년 11월 1일에 확정된다.
> ① 상소는 패소한 당사자가 제기하는 것으로 甲사가 하는 것이다.
> ② 상소는 판결문을 송달받은 날부터 2주 이내에 제기해야 한다. 甲사가 2023년 11월 24일까지 상소하지 않으면, 같은 날 판결은 확정된다.
> ③ 상소기간 내에 상소를 제기하였더라도 그 후 상소를 취하하면 상소기간 만료 시에 판결은 확정된다.

23 다음은 국고보조금의 계상과 관련된 법조문의 예시자료이다. 이를 근거로 제시된 상황을 판단할 때, 2021년 정당에 지급할 국고보조금 총액은?

제00조(국고보조금의 계상)

① 국가는 정당에 대한 보조금으로 최근 실시한 임기만료에 의한 국회의원선거의 선거권자 총수에 보조금 계상단가를 곱한 금액을 매년 예산에 계상하여야 한다.

② 대통령선거, 임기만료에 의한 국회의원선거 또는 동시지방선거가 있는 연도에는 각 선거(동시지방선거는 하나의 선거로 본다)마다 보조금 계상단가를 추가한 금액을 제1항의 기준에 의하여 예산에 계상하여야 한다.

③ 제1항 및 제2항에 따른 보조금 계상단가는 전년도 보조금 계상단가에 전전년도와 대비한 전년도 전국소비자물가 변동률을 적용하여 산정한 금액을 증감한 금액으로 한다.

④ 중앙선거관리위원회는 제1항의 규정에 의한 보조금(경상보조금)은 매년 분기별로 균등분할하여 정당에 지급하고, 제2항의 규정에 의한 보조금(선거보조금)은 당해 선거의 후보자등록마감일 후 2일 이내에 정당에 지급한다.

• 2019년 실시된 임기만료에 의한 국회의원선거의 선거권자 총수는 3천만 명이었고, 국회의원 임기는 4년이다.

• 2020년 정당에 지급된 국고보조금의 보조금 계상단가는 1,000원이었다.

• 전국소비자물가 변동률을 적용하여 산정한 보조금 계상단가는 전년 대비 매년 30원씩 증가한다.

• 2021년에는 5월에 대통령선거가 있고 8월에 임기만료에 의한 동시지방선거가 있다. 각 선거의 한 달 전에 후보자등록을 마감한다.

• 2022년에는 대통령선거, 임기만료에 의한 국회의원선거 또는 동시지방선거가 없다.

---

① 600억 원
② 618억 원
③ 900억 원
④ 927억 원

> ✔ **해설** 2021년 기준 최근 실시한 임기만료에 의한 국회의원선거의 선거권자 총수는 3천만 명이고 보조금 계상단가는 1,030원(2015년 1,000원+30원)이므로 309억 원을 지급하여야 하는데, 5월 대통령선거와 8월 동시지방선거가 있으므로 각각 309억 원씩을 더하여 총 927억 원을 지급해야 한다.

┃24∼25┃ 해외에서 진행하는 프로젝트를 위해 출장 예정인 사원 L은 출장에 앞서 유의사항을 정리하여 팀원들에게 알리라는 지시를 받았다. 다음의 내용을 바탕으로 물음에 답하시오.

〈여권 분실〉

• 여권 분실 시, 분실 발견 즉시 가까운 현지 경찰서를 찾아가 여권 분실 증명서를 만듭니다. 재외공관에 분실 증명서, 사진 2장(여권용 컬러사진), 여권번호, 여권발행일 등을 기재한 서류를 제출합니다. 급히 귀국해야 할 경우 여행증명서를 발급받습니다.

※ 여권 분실의 경우를 대비해 여행 전 여권을 복사해 두거나, 여권번호, 발행연월일, 여행지 우리 공관 주소 및 연락처 등을 메모해 둡니다. 단, 여권을 분실했을 경우 해당 여권이 위·변조되어 범죄에 악용될 수 있다는 점에 유의바랍니다.

〈현금 및 수표 분실〉

• 여행경비를 분실하거나 도난당한 경우, 신속해외송금지원제도를 이용합니다.(재외공관 혹은 영사콜센터 문의)

• 여행자 수표를 분실한 경우, 경찰서에 바로 신고한 후 분실 증명서를 발급 받습니다. 여권과 여행자수표 구입 영수증을 가지고 수표 발행은행의 지점에 가서 분실 신고서를 작성하면, 여행자 수표를 재발행 받을 수 있습니다. 이 때 여행자 수표의 고유번호, 종류, 구입일, 은행점명을 알려줘야 합니다.

※ 수표의 상, 하단 모두에 사인한 경우, 둘 중 어디에도 사인하지 않은 경우, 수표의 번호를 모르는 경우, 분실 후 즉시 신고하지 않은 경우에는 재발급이 되지 않으므로 주의해야 합니다.

〈항공권 분실〉

• 항공권을 분실한 경우, 해당 항공사의 현지 사무실에 신고하고, 항공권 번호를 알려줍니다.

※ 분실에 대비해 항공권 번호가 찍혀 있는 부분을 미리 복사해두고, 구입한 여행사의 연락처도 메모해 둡니다.

〈수하물 분실〉

• 수하물을 분실한 경우, 화물인수증을 해당 항공사 직원에게 제시하고 분실 신고서를 작성합니다. 공항에서 짐을 찾을 수 없게 되면, 항공사에서 책임을 지고 배상합니다.

※ 현지에서 여행 중 물품을 분실한 경우, 현지 경찰서에 잃어버린 물건에 대해 신고를 하고 해외여행자 보험에 가입한 경우, 현지 경찰서로부터 도난 신고서를 발급받은 뒤, 귀국 후 해당 보험회사에 청구합니다.

24 L이 팀원들에게 출장 전 공지할 사항으로 적절하지 않은 내용은?

> 출장 전 안내할 사항은 다음과 같습니다. 먼저, ①여권 분실을 대비하여 여권용 컬러사진 2장과 여권 복사본을 준비하고, 출장지 우리 공관 주소 및 연락처를 알아두는 것이 좋습니다.
>
> 혹시 여행자수표를 가져가실 분은 ②수표의 상단 혹은 하단 중 한 군데에만 사인을 하고, 여행자 수표 구입 영수증을 반드시 챙겨주십시오.
>
> 항공권 분실에 관해서는 단체로 E-TICKET을 발급할 예정입니다. ③제가 항공권 번호를 따로 정리해가고 구입한 여행사의 연락처 역시 제가 적어갈 테니 이 부분은 따로 준비하지 않으셔도 됩니다.
>
> 수하물에 관해서는 ④공항에서 받은 화물인수증을 짐을 찾을 때까지 꼭 소지하고 계셔야 하고, 해외여행자 보험에 가입을 한 상태여야 공항에서 수하물 분실 시 항공사에서 책임지고 배상하기 때문에 미리 가입을 해두시기 바랍니다.

✔해설 ④ 공항에서 짐을 찾을 수 없게 되면, 항공사에서 책임을 지고 배상한다. 해외여행자 보험의 경우 현지에서 여행 중 물품을 분실한 경우와 관련 있다.

25 L은 팀원들과 공유하기 위해 유의사항을 간단한 Q&A형식으로 만들었다. 다음 중 옳은 것은?

> Q) 여권을 분실했는데, 급하게 귀국해야 할 때는 어떻게 해야 하나요?
> A) ① 가까운 현지 경찰서에서 여행증명서를 발급받습니다. 이때, 여권 번호, 여권 발행일 등을 미리 알고 있어야 합니다.
> Q) 출장지에서 현금을 잃어버렸을 때 어떻게 해야 하나요?
> A) ② 분실한 액수를 정확히 파악한 후, 재외공관 혹은 영사콜센터를 통해 신속해외송금지원제도를 이용하여 분실 금액을 돌려받을 수 있습니다.
> Q) 항공권을 분실했을 때에 어떻게 해야 하나요?
> A) ③ 항공권은 구입한 여행사에 연락하여 분실 사항을 신고한 뒤 복사해놓은 항공권 번호가 찍혀 있는 부분을 여행사 현지 사무실로 보내야 합니다.
> Q) 출장지에서 물품을 분실했습니다. 어떻게 해야 하나요?
> A) ④ 현지 경찰서에 신고를 하여 도난 신고서를 발급받되, 해외여행자 보험에 가입되어 있는 경우에 한하여 한국에서 보험회사를 통해 비용 청구가 가능합니다.

✔해설 ① 여행증명서는 재외공관에서 발급받는다.
② 분실한 현금을 돌려받을 수 있다는 내용은 언급되지 않았다.
③ 항공권을 분실한 경우, 해당 항공사의 현지 사무실에 신고하고 항공권 번호를 알려준다.

Answer 24.④ 25.④

범죄 사건을 다루는 언론 보도의 대부분은 수사기관으로부터 얻은 정보에 근거하고 있고, 공소제기 전인 수사 단계에 집중되어 있다. 따라서 언론의 범죄 관련 보도는 범죄사실이 인정되는지 여부를 백지상태에서 판단하여야 할 법관이나 배심원들에게 유죄의 예단을 심어줄 우려가 있다. 이는 헌법상 적법절차 보장에 근거하여 공정한 형사재판을 받을 피고인의 권리를 침해할 위험이 있어 이를 제한할 필요성이 제기된다. 실제로 피의자의 자백이나 전과, 거짓말탐지기 검사 결과 등에 관한 언론 보도는 유죄판단에 큰 영향을 미친다는 실증적 연구도 있다. 하지만 보도 제한은 헌법에 보장된 표현의 자유에 대한 침해가 된다는 반론도 만만치 않다. 미국 연방대법원은 어빈 사건 판결에서 지나치게 편향적이고 피의자를 유죄로 취급하는 언론 보도가 예단을 형성시켜 실제로 재판에 영향을 주었다는 사실이 입증되면, 법관이나 배심원이 피고인을 유죄라고 확신하더라도 그 유죄판결을 파기하여야 한다고 했다. 이 판결은 이른바 '현실적 예단'의 법리를 형성시켰다. 이후 리도 사건 판결에 와서는, 일반적으로 보도의 내용이나 행태 등에서 예단을 유발할 수 있다고 인정이 되면, 개개의 배심원이 실제로 예단을 가졌는지의 입증 여부를 따지지 않고, 적법 절차의 위반을 들어 유죄판결을 파기할 수 있다는 '일반적 예단'의 법리로 나아갔다.

셰퍼드 사건 판결에서는 유죄 판결을 파기하면서, '침해 예방'이라는 관점을 제시하였다. 즉, 배심원 선정 절차에서 상세한 질문을 통하여 예단을 가진 후보자를 배제하고, 배심원이나 증인을 격리하며, 재판을 연기하거나, 관할을 변경하는 등의 수단을 언급하였다. 그런데 법원이 보도기관에 내린 '공판 전 보도금지명령'에 대하여 기자협회가 연방대법원에 상고한 네브래스카 기자협회 사건 판결에서는 침해의 위험이 명백하지 않은데도 가장 강력한 사전 예방 수단을 쓰는 것은 위헌이라고 판단하였다.

이러한 판결들을 거치면서 미국에서는 언론의 자유와 공정한 형사절차를 조화시키면서 범죄 보도를 제한할 수 있는 방법을 모색하였다. 그리하여 셰퍼드 사건에서 제시된 수단과 함께 형사 재판의 비공개, 형사소송 관계인의 언론에 대한 정보제공금지 등이 시행되었다. 하지만 ⓐ 예단 방지 수단들의 실효성을 의심하는 견해가 있고, 여전히 표현의 자유와 알 권리에 대한 제한의 우려도 있어, 이 수단들은 매우 제한적으로 시행되고 있다. 그런데 언론 보도의 자유와 공정한 재판이 꼭 상충된다고만 볼 것은 아니며, 피고인 측의 표현의 자유를 존중하는 것이 공정한 재판에 도움이 된다는 입장에서 네브래스카 기자협회 사건 판결의 의미를 새기는 견해도 있다. 이 견해는 수사기관으로부터 얻은 정보에 근거한 범죄 보도로 인하여 피고인을 유죄로 추정하는 구조에 대항하기 위하여 변호인이 적극적으로 피고인 측의 주장을 보도기관에 전하여, 보도가 일방적으로 편향되는 것을 방지할 필요가 있다고 한다. 일반적으로 변호인이 피고인을 위하여 사건에 대해 발언하는 것은 범죄 보도의 경우보다 적법절차를 침해할 위험성이 크지 않은데도 제한을 받는 것은 적절하지 않다고 보며, 반면에 수사기관으로부터 얻은 정보를 기반으로 하는 언론 보도는 예단 형성의 위험성이 큰데도 헌법상 보호를 두텁게 받는다고 비판한다. 미국과 우리나라의 헌법상 변호인의 조력을 받을 권리는 변호인의 실질적 조력을 받을 권리를 의미한다. 실질적 조력에는 법정 밖의 적극적 변호 활동도 포함된다. 따라서 형사절차에서 피고인 측에게 유리한 정보를 언론에 제공할 기회나 반론권을 제약하지 말고, 언론이 검사 측 못지않게 피고인 측에게도 대등한 보도를 할 수 있도록 해야 한다.

① 법원이 재판을 장기간 연기했지만 재판 재개에 임박하여 다시 언론 보도가 이어진 경우

② 검사가 피의자의 진술거부권 행사 사실을 공개하려고 하였으나 법원이 검사에게 그 사실에 대한 공개 금지명령을 내린 경우

③ 변호사가 배심원 후보자에게 해당 사건에 대한 보도를 접했는지에 대해 질문했으나 후보자가 정직하게 답변하지 않은 경우

④ 법원이 관할 변경 조치를 취하였으나 이미 전국적으로 보도가 된 경우

> ✔해설 ⓐ의 이전 문장을 보면 알 수 있는데, "언론의 자유와 공정한 형사절차를 조화시키면서 범죄 보도를 제한할 수 있는 방법을 모색하였다. 그리하여 셰퍼드 사건에서 제시된 수단과 함께 형사 재판의 비공개, 형사소송 관계인의 언론에 대한 정보제공금지 등이 시행되었다."에서 볼 수 있듯이 ②의 경우에는 예단 방지를 위한 것이다. 하지만, 예단 방지 수단들에 대한 실효성이 떨어진다는 것은 알 수가 없다.

Answer 26.②

┃27~28┃ 다음은 노인장기요양보험에 관한 자료이다. 다음을 보고 물음에 답하시오.

1. 장기요양급여의 제공 시기

　　장기요양인정서가 도달한 날부터 장기요양급여를 받을 수 있다(단, 돌볼 가족이 없는 등 대통령령이 정하는 부득이한 사유가 있는 경우에는 장기요양인정신청서를 제출한 날부터 장기요양인정서가 도달되는 날까지의 기간 중에도 장기요양급여를 받을 수 있음).

2. 급여이용 대상

1~5등급의 장기요양인정을 받은자

3. 급여의 종류

• 재가급여

방문요양	장기요양요원이 수급자의 가정 등을 방문하여 신체활동(목욕, 배변, 머리감기, 옷 갈아입기 등) 및 가사활동(취사, 생필품 구매, 청소, 주변정돈 등)을 지원하는 장기요양급여
방문목욕	장기요양요원이 목욕 설비를 갖춘 차량을 이용하여 수급자의 가정을 방문하여 목욕을 제공 하는 급여
방문간호	장기요양요원인 간호사 등이 의사, 한의사 또는 치과의사(구강위생에 한함)의 지시서에 따라 수급자의 가정 등을 방문하여 간호, 진료의 보조, 요양에 관한 상담 또는 구강위생 등을 제공하는 장기요양급여
주·야간보호	수급자를 하루 중 일정한 시간 동안 장기요양 기관에 보호하여 신체활동 지원 및 심신기능의 유지, 향상을 위한 교육·훈련 등을 제공하는 급여 (치매전담형 주·야간보호 포함)
단기보호	수급자를 월 15일 이내 기간 동안 장기요양기관에 보호하여 신체활동 지원 및 심신기능의 유지·향상을 위한 교육·훈련 등을 제공하는 장기요양급여
복지용구	수급자의 일상생활 또는 신체활동 지원에 필요한 용구로서 보건복지부장관이 정하여 고시하는 제품을 제공하거나 대여하여 노인장기요양보험 대상자의 편의를 도모하고자 지원하는 장기요양급여 ※ 수동휠체어, 전동·수동침대, 욕창예방 매트리스·방석, 목욕리프트, 이동욕조, 성인용 보행기

• 시설급여(치매전담실, 치매전담형 노인요양 공동생활가정 포함) : 장기요양기관이 운영하는 노인의료복지시설(요양병원 제외)에 장기간동안 입소하여 신체활동지원, 심신기능의 유지·향상을 위한 교육·훈련 등을 제공하는 장기요양급여이다.

• 특별현금급여

가족요양비	장기요양기관이 현저히 부족한 지역(도서·벽지)에 거주하는 자, 천재지변 등으로 장기요양기관이 실시하는 장기요양급여 이용이 어렵다고 인정된 자, 신체·정신·성격 등의 사유로 가족 등이 장기요양을 받아야 하는 자에게 지급
특례요양비	수급자가 장기요양기관으로 지정되지 않은 장기요양시설 등의 기관과 재가 또는 시설급여에 상당한 장기요양 급여를 받은 경우 장기요양급여 비용의 일부를 지급
요양병원간병비	수급자가 노인복지법상의 노인전문병원 또는 의료법상의 요양병원에 입원한 때에 장기요양에 사용되는 비용의 일부를 지급

※ 특례요양비와 요양병원 간병비는 현재 시행을 유보하고 있음
• 기타재가급여 : 심신기능이 저하되어 일상생활을 영위하는데 지장이 있는 노인장기요양보험 대상자에게 일상생활 또는 신체활동 지원에 필요한 용구를 제공(구입/대여)하는 장기요양급여이다.

4. 장기요양기관의 지정
  장기요양기관을 설치·운영하고자 하는 자는 소재지를 관할구역으로 하는 특별자치시장·특별자치도지사·시장·군수·구청장으로부터 지정을 받아야 한다.

27 노인장기요양보험에 관한 업무를 처리하고 있는 J씨가 고객의 질문에 잘못 답변한 것은?

① Q : 저희 시어머니께서 이번에 5급의 장기요양인정을 받으셨어요. 장기요양인정서를 제출하면 바로 급여를 받을 수 있는 건가요?
  A : 부득이한 사유가 있는 경우에는 제출한 날부터 장기요양인정서가 도달되는 날까지의 기간 중에도 장기요양급여를 받을 수 있지만, 대부분의 경우에는 장기요양인정서가 도달한 날부터 장기요양급여를 받을 수 있습니다.

② Q : 재가급여에는 어떠한 급여가 있는지 좀 알고 싶어요.
  A : 재가급여에는 방문요양, 방문목욕, 방문간호, 주·야간보호, 단기보호, 복지용구가 있습니다.

③ Q : 장기요양기관을 설치하고자 하는데, 누구로부터 지정을 받아야 하나요?
  A : 소재지를 관할구역으로 하는 특별자치시장·특별자치도지사·시장·군수·구청장으로부터 지정을 받아야 합니다.

④ Q : 저희 가족이 사는 지역은 도서지역이라 주변에 장기요양기관이 없습니다. 그래서 집에서 가족들이 어머니를 모시고 있는데, 특별현금급여를 받을 수 있나요?
  A : 특별현금급여 중에 가족요양비는 천재지변 등의 사유가 있어야 하므로 고객님께서는 가족요양비를 받으실 수 없습니다.

✔해설 가족요양비는 장기요양기관이 현저히 부족한 지역(도서·벽지)에 거주하는 자, 천재지변 등으로 장기요양기관이 실시하는 장기요양급여 이용이 어렵다고 인정된 자, 신체·정신·성격 등의 사유로 가족 등이 장기요양을 받아야 하는 자에게 지급하므로, ④의 경우는 가족요양비를 받을 수 있다.

Answer 27.④

28 재가급여의 종류 중 다음 사례에 해당하는 급여는 무엇인가?

> 장기요양요원인 乙씨는 장기요양등급 5등급을 받은 甲씨가 필요할만한 생필품을 구매하여 甲씨에 찾아가 머리를 감겨주는 한편, 집을 청소하고 밥까지 차려주고 돌아왔다.

① 방문목욕
② 방문간호
③ 방문요양
④ 단기보호

✔ 해설 방문요양은 장기요양요원이 수급자의 가정 등을 방문하여 신체활동(목욕, 배변, 머리감기, 옷 갈아입기 등) 및 가사활동(취사, 생필품 구매, 청소, 주변정돈 등)을 지원하는 장기요양급여를 말하는 것이기 때문에 제시된 사례는 방문요양에 해당한다.

29 다음은 은행을 사칭한 대출 주의 안내문이다. 이에 대한 설명으로 옳지 않은 것은?

> 항상 ○○은행을 이용해 주시는 고객님께 감사드립니다.
>
> 최근 ○○은행을 사칭하면서 대출 협조문이 Fax로 불특정 다수에게 발송되고 있어 각별한 주의가 요망됩니다. ○○은행은 절대로 Fax를 통해 대출 모집을 하지 않으니 아래의 Fax 발견시 즉시 폐기하시기 바랍니다.
>
> > 아래 내용을 검토하시어 자금문제로 고민하는 대표이하 직원 여러분들에게 저의 은행의 금융정보를 공유할 수 있도록 업무협조 부탁드립니다.
> >
> > 수신 : 직장인 및 사업자
> > 발신 : ○○은행 여신부
> > 여신상담전화번호 : 070-xxxx-xxxx
> >
> > | 대상 | 직장인 및 개인/법인 사업자 |
> > |---|---|
> > | 금리 | 개인신용등급적용 (최저 4.8~) |
> > | 연령 | 만 20세~만 60세 |
> > | 상환 방식 | 1년만기일시상환, 원리금균등분할상환 |
> > | 대출 한도 | 100만원~1억원 |
> > | 대출 기간 | 12개월~최장 60개월까지 설정가능 |
> > | 서류 안내 | 공통서류 – 신분증
직장인 – 재직, 소득서류
사업자 – 사업자 등록증, 소득서류 |
>
> ※ 기타사항
> • 본 안내장의 내용은 법률 및 관련 규정 변경시 일부 변경될 수 있습니다.
> • 용도에 맞지 않을 시, 연락 주시면 수신거부 처리 해드리겠습니다.
>
> 현재 ○○은행을 사칭하여 문자를 보내는 불법업체가 기승입니다. ○○은행에서는 본 안내장 외엔 문자를 발송치 않으니 이점 유의하시어 대처 바랍니다.

① Fax 수신문에 의하면 최대 대출한도는 1억 원까지이다.
② Fax로 수신되는 대출 협조문은 ○○은행에서 보낸 것이 아니다.
③ Fax로 수신되는 대출 협조문은 즉시 폐기하여야 한다.
④ ○○은행에서는 대출 협조문을 문자로 발송한다.

✔ 해설 ④ ○○은행에서는 본 안내장 외엔 문자를 발송하지 않는다.

30 다음은 라디오 대담의 일부이다. 대담 참여자의 말하기 방식에 대한 설명으로 적절하지 않은 것은?

> 진행자 : 청취자 여러분, 안녕하세요. 오늘은 ○○ 법률 연구소에 계신 법률 전문가를 모시고 생활 법
> 률 상식을 배워보겠습니다. 안녕하세요?
> 전문가 : 네, 안녕하세요. 오늘은 '정당행위'에 대해 말씀드리고자 합니다. 먼저 여러분께 문제 하나
> 내 보겠습니다. 만약 스파이더맨이 도시를 파괴하려는 악당들과 싸우다 남의 건물을 부쉈다
> 면, 부서진 건물은 누가 배상해야 할까요?
> 진행자 : 일반적인 경우라면 건물을 부순 사람이 보상해야겠지만, 이런 경우에 정의를 위해 악당과 싸운
> 스파이더맨에게 보상을 요구하는 것은 좀 지나친 것 같습니다.
> 전문가 : 청취자 여러분들도 이와 비슷한 생각을 하실 것 같은데요, 이런 경우에는 스파이더맨의 행위
> 를 악당으로부터 도시를 지키기 위한 행위로 보고 민법 761조 1항에 의해 배상책임을 면할
> 수 있도록 하고 있습니다. 이때 스파이더맨의 행위를 '정당행위'라고 합니다.
> 진행자 : 아, 그러니까 악당으로부터 도시를 지키기 위해 싸운 스파이더맨의 행위가 '정당행위'이고, 정당
> 행위로 인한 부득이한 손해는 배상할 필요가 없다는 뜻이군요.
> 전문가 : 네, 맞습니다. 그래야 스파이더맨의 경우처럼 불의를 보고 나섰다가 오히려 손해를 보는 일
> 이 없겠죠.
> 진행자 : 그런데 문득 이런 의문이 드네요. 만약 스파이더맨에게 배상을 받을 수 없다면 건물 주인은
> 누구에게 배상을 받을 수 있을까요?
> 전문가 : 그래서 앞서 말씀드린 민법 동일 조항에서는 정당행위로 인해 손해를 입은 사람이 애초에 불
> 법행위를 저질러 손해의 원인을 제공한 사람에게 배상을 청구할 수 있도록 하고 있습니다. 즉
> 건물 주인은 악당에게 손해배상을 청구할 수 있습니다.

① 진행자는 화제와 관련된 질문을 던지며 대담을 진전시키고 있다.
② 진행자는 전문가가 한 말의 핵심 내용을 재확인함으로써 청취자들의 이해를 돕고 있다.
③ 전문가는 청취자가 관심을 가질 질문을 던져 화제에 집중도를 높이고 있다.
④ 전문가는 추가적인 정보를 제시함으로써 진행자의 오해를 바로 잡고 있다.

> ✔해설 제시문은 라디오 대담 상황으로, 진행자와 전문가의 대담을 통해 '정당행위'의 개념과 배상 책임 면제에
> 관한 법리를 쉽게 설명해 주고 있다. 전문가는 마지막 말에서 추가적인 정보를 제시하고 있지만 그것을
> 통해 진행자의 오해를 바로잡고 있는 것은 아니다.

31 다음 제시된 개요의 결론으로 알맞은 것을 고르면?

제목 : 생태 관광
 Ⅰ. 서론 : 생태 관광의 의의와 현황

 Ⅱ. 본론
 ㉠ 문제점 분석
  • 생태자원 훼손
  • 지역 주민들의 참여도 부족
  • 수익 위주의 운영
  • 안내 해설 미흡
 ㉡ 개선 방안 제시
  • 인지도 및 관심 증대
  • 지역 주민들의 참여 유도
  • 관련 법규의 재정비
  • 생태관광가이드 육성

 Ⅲ. 결론 : (   )

---

① 자연생태계 훼손 최소화

② 생태 관광의 지속적인 발전

③ 생물자원의 가치 증대

④ 바람직한 생태 관광을 위한 노력 촉구

> ✔해설 ④ 본론에서 생태 관광에 대한 문제점을 지적하고 그에 대한 개선 방안을 제시하였으므로 결론에서는 주장을 정리하는 '바람직한 생태 관광을 위한 노력 촉구'가 적절하다.

32 A회사 신입사원인 甲은 입사 후 과민성대장증후군으로 고생을 하다 사내 의무실에 들러 다음의 약을 처방 받았다. 〈복약설명서〉에 따라 甲이 두 약을 복용할 때 옳은 것은?

1. 약품명 : 가나다정	1. 약품명 : ABC정
2. 복용법 및 주의사항	2. 복용법 및 주의사항
① 식전 15분에 복용하는 것이 가장 좋으나 식전 30분부터 식사 직전까지 복용이 가능합니다.	① 매 식사 도중 또는 식사 직후에 복용합니다.
② 식사를 거르게 될 경우에 복용을 거릅니다.	② 복용을 잊은 경우 식사 후 1시간 이내에 생각이 났다면 즉시 약을 복용하도록 합니다. 식사 후 1시간이 초과되었다면 다음 식사에 다음 번 분량만을 복용합니다.
③ 식이요법과 운동요법을 계속하고, 정기적으로 혈당(혈액 속에 섞여 있는 당분)을 측정해야 합니다.	③ 씹지 말고 그대로 삼켜서 복용합니다.
④ 야뇨(夜尿)를 피하기 위해 최종 복용시간은 오후 6시까지로 합니다.	④ 정기적인 혈액검사를 통해서 혈중 칼슘, 인의 농도를 확인해야 합니다.
⑤ 저혈당을 예방하기 위해 사탕 등 혈당을 상승시킬 수 있는 것을 가지고 다닙니다.	

① 식사를 거르게 될 경우 가나다정만 복용한다.
② 두 약을 복용하는 기간 동안 정기적으로 혈액검사를 할 필요는 없다.
③ 저녁식사 전 가나다정을 복용하려면 저녁식사는 늦어도 오후 6시 30분에는 시작해야 한다.
④ ABC정은 식사 중에 다른 음식과 함께 씹어 복용할 수 있다.

✔해설 ③ 가나다정의 경우 야뇨를 피하기 위해 최종 복용시간을 오후 6시까지로 해야 한다. 식전 30분부터 복용이 가능하므로, 저녁식사 전 가나다정을 복용하려면 저녁식사는 늦어도 오후 6시 30분에는 시작해야 한다.
① 가나다정은 식사를 거르게 될 경우에 복용을 거른다.
② 가나다정을 복용할 때에는 정기적으로 혈당을 측정해야 하며, ABC정을 복용할 때에는 정기적인 혈액검사를 통해서 혈중 칼슘, 인의 농도를 확인해야 한다.
④ ABC정은 식사 중 복용할 수 있지만, 씹지 말고 그대로 삼켜서 복용해야 한다.

33 다음 A, B 두 사람의 논쟁에 대한 분석으로 가장 적절한 것은?

> A1 : 최근 인터넷으로 대표되는 정보통신기술 혁명은 과거 유례를 찾을 수 없을 정도로 세상이 돌아가는 방식을 근본적으로 바꿔놓았다. 정보통신기술 혁명은 물리적 거리의 파괴로 이어졌고, 그에 따라 국경 없는 세계가 출현하면서 국경을 넘나드는 자본, 노동, 상품에 대한 규제가 철폐될 수밖에 없는 사회가 되었다. 이제 개인이나 기업 혹은 국가는 과거보다 훨씬 더 유연한 자세를 견지해야 하고, 이를 위해서는 강력한 시장 자유화가 필요하다.
>
> B1 : 변화를 인식할 때 우리는 가장 최근의 것을 가장 혁신적인 것으로 생각하는 경향이 있다. 인터넷 혁명의 경제적, 사회적 영향은 최소한 지금까지는 세탁기를 비롯한 가전제품만큼 크지 않았다. 가전제품은 집안일에 들이는 노동시간을 대폭 줄여줌으로써 여성들의 경제활동을 촉진했고, 가족 내의 전통적인 역학관계를 바꾸었다. 옛것을 과소평가해서도 안 되고 새것을 과대평가해서도 안 된다. 그렇게 할 경우 국가의 경제정책이나 기업의 정책은 물론이고 우리 자신의 직업과 관련해서도 여러 가지 잘못된 결정을 내리게 된다.
>
> A2 : 인터넷이 가져온 변화는 가전제품이 초래한 변화에 비하면 전 지구적인 규모이고 동시적이라는 점에 주목해야 한다. 정보통신기술이 초래한 국경 없는 세계의 모습을 보라. 국경을 넘어 자본, 노동, 상품이 넘나들게 됨으로써 각 국가의 행정 시스템은 물론 세계 경제 시스템에도 변화가 불가피하게 되었다. 그런 점에서 정보통신기술의 영향력은 가전제품의 영향력과 비교될 수 없다.
>
> B2 : 최근의 기술 변화는 100년 전에 있었던 변화만큼 혁명적 이라고 할 수 없다. 100년 전의 세계는 1960~1980년에 비해 통신과 운송 부문에서의 기술은 훨씬 뒤떨어졌으나 세계화는 오히려 월등히 진전된 상태였다. 사실 1960~1980년 사이에 강대국 정부가 자본, 노동, 상품이 국경을 넘어 들어오는 것을 엄격하게 규제했기에 세계화의 정도는 그리 높지 않았다. 이처럼 세계화의 정도를 결정하는 것은 정치이지 기술력이 아니다.

① 이 논쟁의 핵심 쟁점은 정보통신기술 혁명과 가전제품을 비롯한 제조분야 혁명의 영향력 비교이다.
② A1은 최근의 정보통신기술 혁명으로 말미암아 자본, 노동, 상품이 국경을 넘나드는 것이 보편적 현상이 되었다는 점을 근거로 삼고 있다.
③ B1은 A1이 제시한 근거가 다 옳다고 하더라도 A1의 주장을 받아들일 수 없다고 주장하고 있다.
④ B1과 A2는 인터넷의 영향력에 대한 평가에는 의견을 달리 하지만 가전제품의 영향력에 대한 평가에는 의견이 일치한다.

> **✔해설** ② A1에 따르면 정보통신기술 혁명은 물리적 거리의 파괴로 이어졌고, 그에 따라 국경 없는 세계가 출현하면서 자본, 노동, 상품이 국경을 넘나드는 것이 보편적 현상이 되었다.
> ① 정보통신기술 혁명과 가전제품을 비롯한 제조분야 혁명의 영향력 비교는 개인이나 기업, 국가의 결정에 임하는 자세에 대한 논의를 이끌어 내는 과정에서 언급된 것이지 핵심 쟁점이라고 볼 수는 없다.
> ③ B1은 A1이 제시한 근거가 과대평가되었다고 본다.
> ④ B1과 A2는 인터넷의 영향력에 대한 평가와 가전제품의 영향력에 대한 평가에서 모두 의견을 달리한다.

Answer 32.③ 33.②

34 철수와 영희는 법원이 최저가매각가격을 2억 원으로 정한 A주택의 경매에 입찰자로 참가하였다. 철수는 매수가격을 2억 5천만 원으로 신고하여 최고가매수신고인이 되었다. 다음 상황에서 철수가 지정된 기일까지 대금을 납부하지 않은 경우, 영희가 차순위매수신고를 하기 위해서는 영희의 매수신고액이 최소한 얼마를 넘어야 하는가?

> 법원이 진행하는 부동산 경매를 통해 부동산을 매수하려는 사람은 법원이 정한 해당 부동산의 '최저가매각가격' 이상의 금액을 매수가격으로 하여 매수신고를 하여야 한다. 이때 신고인은 최저가매각가격의 10분의 1을 보증금으로 납부하여야 입찰에 참가할 수 있다. 법원은 입찰자 중 최고가매수가격을 신고한 사람(최고가매수신고인)을 매수인으로 결정하며, 매수인은 신고한 매수가격(매수신고액)에서 보증금을 공제한 금액을 지정된 기일까지 납부하여야 한다. 만일 최고가매수신고인이 그 대금을 기일까지 납부하지 않으면, 최고가매수신고인 외의 매수신고인은 자신이 신고한 매수가격대로 매수를 허가하여 달라는 취지의 차순위매수신고를 할 수 있다. 다만 차순위매수신고는 매수신고액이 최고가매수신고액에서 보증금을 뺀 금액을 넘어야 할 수 있다.

① 2억 원
② 2억 2천만 원
③ 2억 2천 5백만 원
④ 2억 3천만 원

✅ 해설 법원이 정한 최저가매각가격이 2억 원이므로 보증금은 이 가격의 10분의 1인 2천만 원이다. 차순위매수신고는 매수신고액이 최고가매수신고액에서 보증금을 뺀 금액을 넘어야 할 수 있으므로, 철수가 신고한 2억 5천만 원에서 보증금 2천만 원을 뺀 2억 3천만 원을 넘어야 할 수 있다.

19세기까지 각 지역에서 시간의 기준점은 태양이 머리 위에 있는 순간, 즉 그림자가 없거나 제일 작은 순간이었다. 문제는 태양이 계속 움직인다(사실은 지구가 자전하는 것이지만)는 사실이었다. 한국의 위도를 기준으로 한다면 지구의 자전 속도는 분당 약 20 km이다. 조선시대 강릉 관아에서 정오를 알리는 종을 친 후 11분이 지나서야 한양(서울)에서도 정오를 알리는 종을 쳤던 것은 바로 이 때문이다. 그러나 대부분의 사람들이 태어나서 줄곧 한 곳에 살았고 설사 여행을 하더라도 걸어가는 게 다반사였으며, 탈 것을 이용한다 해도 나룻배나 우마차를 타고 다니던 상황에서 이처럼 지역마다 시간이 다른 것은 아무런 문제가 되지 않았다.

철도의 출현은 이러한 상황을 변화시켰다. 철도가 처음으로 만들어진 영국에서는 표준시를 최초로 제정해 각기 다른 시간을 하나로 묶는 일이 진행되었다. 현재 세계 어느 나라를 가더라도 외국인들이 출입하는 호텔의 안내데스크 뒤쪽 벽면에서 뉴욕이나 런던, 도쿄, 베이징 등 도시 이름이 붙어있는 여러 개의 시계를 볼 수 있다. 이는 표준시에 근거한 각 도시의 시각을 여행자에게 알려주는 것으로 그리니치 표준시를 기준으로 하기에 가능한 것이다.

과거 표준시가 정착되기 이전에도 오늘날의 호텔처럼 미국의 기차역에는 여러 개의 시계가 걸려 있었다. 다른 점이 있다면 시계 밑에 붙어 있는 명찰에는 서울, 홍콩, 베를린, 파리 같은 도시명 대신 '뉴욕 센트럴 레일웨이'와 '볼티모어 앤 오하이오' 같은 미국의 철도회사 이름이 적혀있었다는 것이다. 즉 시간의 기준은 철도회사가 정하였고, 이에 따라 철도회사의 수만큼 다양한 시간이 존재했다. 1870년대의 '펜실베니아' 철도회사는 필라델피아 시간을 기준으로 열차를 운행하면서 자신이 운행하는 노선의 역들에 이 기준시간에 따른 시간표를 배포했다. '뉴욕 센트럴 레일웨이'는 그랜드 센트럴 역의 '밴더빌트 시간'을 기준으로 열차를 운행했다. 이 두 회사는 가까운 지역에서 영업을 했는데도 통일된 열차 시간을 공유하지 못했다. 만약 여행자가 피츠버그 역에서 열차를 갈아타야 할 경우 갈아탈 시각과 함께 어느 회사에서 운행하는 열차인지도 알아야 했다. 어느 한 회사의 시간을 기준으로 삼을 경우 다른 회사의 시간표는 무용지물이 되기 일쑤였다.

35 위 글을 근거로 판단할 때, 옳은 것은?

① 19세기 조선에서 같은 위도 상의 두 지역이 동서로 60km 떨어져 있었다면 그 두 지역의 정오는 약 5분 차이가 났다.

② 1870년대 미국 철도회사는 각 철도회사의 기준시간에 따라 열차를 운행하였다.

③ 1870년대 피츠버그 역에는 여행자를 위해 전 세계의 도시별 시각을 표시한 여러 개의 시계가 걸려 있었다.

④ 철도가 처음 만들어진 곳은 영국이지만 표준시가 처음 제정된 곳은 미국이다.

> ✔해설 ② 셋째 문단에서 '시간의 기준은 철도회사가 정하였고, 이에 따라 철도회사의 수만큼 다양한 시간이 존재했다'고 하였다.
> ① 첫째 문단에서 '한국의 위도를 기준으로 한다면 지구의 자전 속도는 분당 약 20km이다'고 하였으므로, 60km 떨어져 있다면 그 두 지역의 정오는 약 3분 차이가 났다.
> ③ 도시별 시각이 아닌 철도회사별 시각을 표시한 여러 개의 시계가 걸려 있었다.
> ④ 둘째 문단에서 '철도가 처음으로 만들어진 영국에서는 표준시를 최초로 제정해 각기 다른 시간을 하나로 묶는 일이 진행되었다'고 하였다.

36 영업부 직원 甲은 A도시의 역에 A도시 시간을 기준으로 오전 7시 40분에 도착하여 '○○레일웨이' 열차로 B도시에 가서, 다시 '△△캐리어' 열차를 타고 C도시까지 가려고 한다. 위의 글과 다음을 근거로 판단할 때, A도시 시간 기준으로 甲이 C도시에 도착할 수 있는 가장 빠른 시각은? (단, 열차를 갈아타는 데 걸리는 이동시간은 고려하지 않는다.)

> • A도시는 B도시보다 40분 먼저 정오가 되고, C도시보다는 10분 늦게 정오가 된다.
> • '○○레일웨이'는 A도시의 시간을 기준으로 열차를 운행한다. A도시 발 B도시 행 '○○레일웨이' 열차는 매시 정각과 30분에 출발하며 운행시간은 3시간이다.
> • '△△캐리어'는 C도시의 시간을 기준으로 열차를 운행한다. B도시 발 C도시 행 '△△캐리어' 열차는 매시 15분과 45분에 출발하며 운행시간은 4시간 30분이다.

① 15시 10분   ② 15시 15분

③ 15시 25분   ④ 15시 35분

> ✔해설 甲은 A(○○레일웨이 이용)→B(△△캐리어 이용)→C의 노선으로 이동한다.
> • A→B : A도시에서 ○○레일웨이는 매시 정각과 30분에 출발하므로, 7시 40분에 도착한 甲은 8시 열차를 타야하며 11시에 B도시에 도착할 수 있다.(A도시 시간 기준)
> • B→C : △△캐리어는 C도시의 시간을 기준으로 열차를 운행하는데 甲이 B도시에 도착한 시간은 C도시의 시간을 기준으로 보면 11시 10분이다. △△캐리어는 매시 15분과 45분에 출발하므로 11시 15분 열차를 타야하며 15시 45분에 C도시에 도착할 수 있다.(C도시 시간 기준)
> 따라서 A도시 시간 기준으로 甲이 C도시에 도착할 수 있는 가장 빠른 시각은 15시 35분이다.

37 우리나라는 눈부신 경제 성장을 이룩하였고 일인당 국민소득도 빠른 속도로 증가해왔다. 소득이 증가하면 더 행복해질 것이라는 믿음과는 달리, 한국사회 구성원들의 전반적인 행복감은 높지 않은 실정이다. '전반적인 물질적 풍요에도 불구하고 왜 한국 사람들의 행복감은 그만큼 높아지지 않았을까?'에 관한 다음과 같은 두 가지 답변에 대해 적절히 평가한 것은?

> (가) 일반적으로 소득이 일정한 수준에 도달한 이후에는 소득의 증가가 반드시 행복의 증가로 이어지지는 않는다. 인간이 살아가기 위해서는 물질재와 지위재가 필요하다. 물질재는 기본적인 의식주의 욕구를 충족시키는 데 필요한 재화이며, 경제 성장에 따라 공급이 늘어난다. 지위재는 대체재의 존재 여부나 다른 사람들의 요구에 따라 가치가 결정되는 비교적 희소한 재화나 서비스이며, 그 효용은 상대적이다. 경제 성장의 초기 단계에서는 물질재의 공급을 늘리면 사람들의 만족감이 커지지만, 경제가 일정 수준 이상으로 성장하면 점차 지위재가 중요해지고 물질재의 공급을 늘려서는 해소되지 않는 불만이 쌓이게 되는 이른바 '풍요의 역설'이 발생한다. 따라서 한국 사람들이 경제 수준이 높아진 만큼 행복하지 않은 이유는 소득 증가에 따른 자연스러운 현상이다.
>
> (나) 한국 사회의 행복 수준은 단순히 풍요의 역설로 설명할 수 없다. 행복에 대한 심리학적 연구에 따르면 타인과 비교하는 성향이 강한 사람일수록 행복감이 낮아지게 된다. 비교 성향이 강한 사람은 사회적 관계에서 자신보다 우월한 사람들을 준거집단으로 삼아 비교하기 쉽고 이로 인해 상대적 박탈감이 커질 수 있기 때문이다. 한국과 같은 경쟁 사회에서는 진학이나 구직 등에서 과열 경쟁이 벌어지고 등수에 의해 승자와 패자가 구분된다. 이 과정에서 비교 우위를 차지하지 못한 사람들은 좌절을 경험하기 쉬운데, 비교 성향이 강할수록 좌절감은 더 크다. 따라서 한국 사회의 행복감이 낮은 이유는 한국 사람들이 다른 사람들과 비교하는 성향이 매우 높은 데에서 찾을 수 있다.

① 지위재에 대한 경쟁이 치열한 국가일수록 전반적인 행복감이 높다는 사실은 (가)를 강화한다.

② 경제적 수준이 비슷한 나라들과 비교하여 한국의 지위재가 상대적으로 풍부하다는 사실은 (가)를 강화한다.

③ 한국보다 소득 수준이 높고 대학 입학을 위한 입시 경쟁이 매우 치열한 나라가 있다는 사실은 (나)를 약화한다.

④ 자신보다 우월한 사람들을 준거집단으로 삼는 경향이 한국보다 강함에도 불구하고 행복감이 더 높은 나라가 있다는 사실은 (나)를 약화한다.

> ✔ **해설** ④ (나)에 따르면 타인과 비교하는 성향이 강한 사람일수록 사회적 관계에서 자신보다 우월한 사람들을 준거집단으로 삼아 비교하기 쉽고 이로 인해 상대적 박탈감이 커질 수 있기 때문에 행복감이 낮아지게 된다고 언급하고 있다. 그런데 자신보다 우월한 사람들을 준거집단으로 삼는 경향이 한국보다 강함에도 불구하고 행복감이 더 높은 나라가 있다면 이는 (나)의 논리를 약화시키는 예가 된다.

Answer 35.② 36.④ 37.④

38 다음은 수도 민영화에 대한 토론의 일부이다. 여성 토론자의 발언으로 볼 때, 정책 담당자인 남성 토론자가 이전에 말했을 내용으로 가장 적절한 것은?

> 사회자(남) : 네, 알겠습니다. 지금까지 수돗물 정책을 담당하시는 박 과장님의 말씀을 들었는데요. 그럼 이번에는 시민 단체의 의견을 들어 보겠습니다. 김 박사님~.
>
> 김 박사(여) : 네, 사실 굉장히 답답합니다. 공단 폐수 방류 사건 이후에 17년간 네 번에 걸친 종합 대책이 마련됐고, 상당히 많은 예산이 투입된 것으로 알고 있습니다. 그런데도 이번에 상수도 사업을 민영화하겠다는 것은 결국 수돗물 정책이 실패했다는 걸 스스로 인정하는 게 아닌가 싶습니다. 그리고 민영화만 되면 모든 문제가 해결되는 것처럼 말씀하시는데요, 현실을 너무 안이하게 보고 있다는 생각이 듭니다.
>
> 사회자(남) : 말씀 중에 죄송합니다만, 수돗물 사업이 민영화되면 좀 더 효율적이고 전문적으로 운영된다는 생각에 동의할 분도 많을 것 같은데요.
>
> 김 박사(여) : 전 동의할 수 없습니다. 우선 정부도 수돗물 사업과 관련하여 충분히 전문성을 갖추고 있다고 봅니다. 현장에서 근무하는 분들의 기술 수준도 세계적이고요. 그리고 효율성 문제는요, 저희가 알아본 바에 의하면 시설 가동률이 50% 정도에 그치고 있고, 누수율도 15%나 된다는데, 이런 것들은 시설 보수나 철저한 관리를 통해 정부가 충분히 해결할 수 있다고 봅니다. 게다가 현재 상태로 민영화가 된다면 또 다른 문제가 생길 수 있습니다. 수돗물 가격의 인상을 피할 수 없다고 보는데요. 물 산업 강국이라는 프랑스도 민영화 이후에 물 값이 150%나 인상되었다고 하는데, 우리에게도 같은 일이 일어나지 않을까 걱정됩니다.
>
> 사회자(남) : 박 과장님, 김 박사님의 의견에 대해 어떻게 생각하십니까?
>
> 박 과장(남) : 민영화할 경우 아무래도 어느 정도 가격 인상 요인이 있겠습니다만 정부와 잘 협조하면 인상 폭을 최소화할 수 있으리라고 봅니다. 무엇보다도 수돗물 사업을 민간 기업이 운영하게 된다면, 수질도 개선될 것이고, 여러 가지 면에서 더욱 질 좋은 서비스를 받을 수 있을 겁니다. 또 시설 가동률과 누수율의 문제도 조속히 해결될 수 있을 겁니다.

① 민영화를 통해 수돗물의 가격을 안정시킬 수 있다.
② 수돗물 사업의 전문성을 위해 기술 교육을 강화해야 한다.
③ 종합적인 대책 마련으로 수돗물을 효율적으로 공급하고 있다.
④ 효율성을 높이기 위해 수돗물 사업을 민간 기업에 맡겨야 한다.

> ✔해설 ① 정책 담당자는 민영화할 경우 어느 정도 가격 상승 요인이 있을 것이라고 말하고 있다.
> ② 정책 담당자가 주장한 내용은 '기술 교육 강화'가 아니라 '수돗물 사업의 민영화'이므로 적절하지 않다.
> ③ 종합적인 대책 마련으로 수돗물을 효율적으로 공급하고 있다면 굳이 민영화할 필요가 없는 셈이므로 정책 담당자의 의견과 상반된다.

39 주어진 글의 밑줄 친 문장들 중 사실을 나타내는 문장은?

> 동요는 아이들의 정서를 담은 노래이다. 동요는 아름다운 가락과 노랫말을 사용하여 만들기 때문에 동요를 부르면 마음이 맑아지고 편안해진다. 그런데 ㉠요즘 아이들은 동요를 즐겨 부르지 않는 것 같다. 이를 지난달 ○○ 초등학교에서 열린 음악 축제에서도 확인할 수 있다. ㉡이 축제에서 동요를 부른 학생은 열 명 가운데 한 명이었다. 아이들이 동요를 즐겨 부르지 않는 이유를 알아보고 해결 방법을 찾아보자.
> 아이들이 동요를 즐겨 부르지 않는 이유는 무엇일까? 먼저, 아이들이 동요를 접할 기회가 적다. 음악 시간 이외에는 동요를 부를 수 있는 시간이 별로 없다. 또한, 동요를 만드는 사람들이 요즘 아이들의 성향을 잘 반영하지 못하고 있다. 아이들은 빠른 리듬과 따라 부르기 쉬운 가락의 노래를 좋아한다. 끝으로, 아이들이 동요의 좋은 점을 잘 알지 못하고 있다. 아이들은 ㉢동요 부르는 것을 수준이 낮고 시시한 것으로 생각한다.
> 아이들이 동요를 즐겨 부르게 하려면 어떻게 해야 할까? 첫째, 아이들에게 동요를 접할 수 있는 기회를 많이 제공해야 한다. 학교에서는 등교 시간과 점심시간 등을 활용하여 동요를 들려주고, 동요 부르기 대회를 마련해야 한다. 둘째, ㉣동요를 만드는 사람들은 아이들이 좋아하는 동요를 만들어야 한다. 아름다운 가락과 노랫말을 살리면서도 다양한 리듬을 동요에 반영해야 한다. 셋째, 동요의 중요성을 아이들에게 알려 주어야 한다. '동요 바로 알기'와 같은 캠페인을 벌여 동요가 아이들에게 유익하고 재미있다는 사실을 알게 해야 한다.

① ㉠

② ㉡

③ ㉢

④ ㉣

✔해설 ㉠ 글쓴이의 생각 ㉢ 아이들의 생각 ㉣ 글쓴이의 의견

40 다음 글을 읽고 〈보기〉의 질문에 답을 할 때 가장 적절한 것은?

다세포 생물체는 신경계와 내분비계에 의해 구성 세포들의 기능이 조절된다. 이 중 내분비계의 작용은 내분비선에서 분비되는 호르몬에 의해 일어난다. 호르몬을 분비하는 이자는 소화선인 동시에 내분비선이다. 이자 곳곳에는 백만 개 이상의 작은 세포 집단들이 있다. 이를 랑게르한스섬이라고 한다. 랑게르한스섬에는 인슐린을 분비하는 β 세포와 글루카곤을 분비하는 α 세포가 있다.

인슐린의 주된 작용은 포도당이 세포 내로 유입되도록 촉진하여 혈액에서의 포도당 농도를 낮추는 것이다. 또한 간에서 포도당을 글리코겐의 형태로 저장하게 하며 세포에서의 단백질 합성을 증가시키고 지방 생성을 촉진한다.

한편 글루카곤은 인슐린과 상반된 작용을 하는데, 그 주된 작용은 간에 저장된 글리코겐을 포도당으로 분해하여 혈액에서의 포도당 농도를 증가시키는 것이다. 또한 아미노산과 지방산을 저장 부위에서 혈액 속으로 분리시키는 역할을 한다.

인슐린과 글루카곤의 분비는 혈당량에 의해 조절되는데 식사 후에는 혈액 속에 포함되어 있는 포도당의 양, 즉 혈당량이 증가하기 때문에 β 세포가 자극을 받아서 인슐린 분비량이 늘어난다. 인슐린은 혈액 중의 포도당을 흡수하여 세포로 이동시키며 이에 따라 혈당량이 감소되고 따라서 인슐린 분비량이 감소된다. 반면 사람이 한참 동안 음식을 먹지 않거나 운동 등으로 혈당량이 70mg/dl 이하로 떨어지면 랑게르한스섬의 α 세포가 글루카곤 분비량을 늘린다. 글루카곤은 간에 저장된 글리코겐을 분해하여 포도당을 만들어 혈액으로 보내게 된다. 이에 따라 혈당량은 다시 높아지게 되는 것이다. 일반적으로 8시간 이상 공복 후 혈당량이 99mg/dl 이하인 경우 정상으로, 126mg/dl 이상인 경우는 당뇨로 판정한다.

포도당은 뇌의 에너지원으로 사용되는데, 인슐린과 글루카곤이 서로 반대되는 작용을 통해 이 포도당의 농도를 정상 범위로 유지시키는 데 크게 기여한다.

〈보기〉

인슐린에 대해서는 어느 정도 이해를 했습니까? 오늘은 '인슐린 저항성'에 대해 알아보도록 하겠습니다. 인슐린의 기능이 떨어져 세포가 인슐린에 효과적으로 반응하지 못하는 것을 인슐린 저항성이라고 합니다. 그럼 인슐린 저항성이 생기면 우리 몸속에서는 어떤 일이 일어나게 될지 설명해 보시겠습니까?

---

① 혈액 중의 포도당 농도가 높아지게 됩니다.

② 이자가 인슐린과 글루카곤을 과다 분비하게 됩니다.

③ 간에서 포도당을 글리코겐으로 빠르게 저장하게 됩니다.

④ 아미노산과 지방산을 저장 부위에서 분리시키게 됩니다.

> ✔해설 인슐린의 기능은 혈액으로부터 포도당을 흡수하여 세포로 이동시켜 혈액에서의 포도당의 농도를 낮추는 것인데, 인슐린의 기능이 저하될 경우 이러한 기능을 수행할 수 없기 때문에 혈액에서의 포도당 농도가 높아지게 된다.

41 주어진 글의 현대 사진 작가와 샤갈이 공통적으로 전제하고 있는 것은?

현대 사진은 현실을 포장지로밖에 생각하지 않는다. 작가의 주관적 사상이나 감정, 곧 주제를 표현하기 위한 하나의 소재로 현실을 인식한다. 따라서 현실 자체의 의미나 가치에는 연연하지 않는다. 그럼에도 불구하고 현대 사진이 현실에 묶여 떠나지 못하는 것은, 대상이 없는 한 찍히지 않고 실체로서의 현실을 떠나서 성립할 수 없는 사진의 메커니즘 탓이다. 작가의 주관적 사상이나 감정은 구체적 사물을 거치지 않고서는 표현할 길이 없는 것이다. 그러나 사진이 추구하는 바가 현실의 재현이 아니다 보니 현대 사진은 연출을 마음대로 하고, 온갖 기법을 동원해 현실을 재구성하기도 한다. 심지어 필름이나 인화지 위에 인위적으로 손질을 가해 현실성을 지워 버리기도 한다. 현실을 왜곡하는 것에 아무런 구애를 받지 않는 것이다. 구체적인 사물의 정확한 재현에만 익숙해 있던 눈에는 이런 현대 사진이 난해하기만 하다.

이러한 현대 사진의 특성을 고려할 때, 창조적 사진을 위해서 필요한 것은 자유로운 눈이다. 이는 작가에게만 한정된 요구가 아니다. 사진을 현실로 생각하는 수용자 쪽의 고정관념 또한 현대 사진의 이해에 장애가 된다. 발신자와 수신자 사이에 암호가 설정되기 위해서는 수신자 쪽에서도 암호를 해독할 수 있는 바탕이 마련되어 있어야 한다. 작가나 수용자나 고정관념과 인습에서 벗어날 때, 현실과 영상 사이에 벌어진 커다란 틈이 보이게 된다. 그리고 그 때 비로소 사진은 자기의 비밀을 털어놓기 시작한다. 현대 사진에 대한 이해의 첫 관문은 그렇게 해서 통과할 수가 있다.

화가 샤갈이 거리에서 캔버스를 세워 놓고 그리기에 열중하고 있을 때, 마침 지나가던 행인 중 한 사람이 큰 소리로 이렇게 외쳤다.
"별난 사람도 다 있군. 세상에 날아다니는 여자를 그리는 사람 처음 보겠네."
이때 샤갈이 뒤돌아보지도 않고 웃으며 던진 한 마디는 이런 것이었다.
"그러니까 화가지"

① 예술은 다양한 표현 기법을 써서 시대의 문제의식을 표현한다.
② 예술은 현실에서 멀리 떨어져서 바라보는 관조의 대상이 아니다.
③ 예술 작품이 현실을 모방하는 것은 현실의 본질을 간파하지 못했기 때문이다.
④ 고정관념에서 벗어날 때 비로소 창조적인 작가 의식을 드러낼 수 있다.

✅**해설** 샤갈과 현대 사진 작가는 현실의 고정관념에서 벗어나 창조적인 작품(그림, 사진)으로 자신의 사상 또는 감정을 드러낸다.

Answer 40.① 41.④

42 다음과 같은 개요를 바탕으로 글을 쓰고자 할 때, 그 계획으로 알맞지 않은 것은?

주제 : 무분별한 조기 해외 어학연수의 문제점과 대책
Ⅰ. 서론
Ⅱ. 본론
　　1. 조기 해외 어학연수가 성행하는 이유
　　2. 무분별한 조기 해외 어학연수의 문제점
　　　　가. 개인적 차원
　　　　나. 국가적 차원
Ⅲ. 결론

---

① '서론'에서는 조기 해외 어학연수가 급속히 늘고 있다는 기사를 인용해 최근의 상황을 간략히 진술한다.
② '본론1'에서는 유창한 외국어 실력을 갖춰야 경쟁에서 살아남는 사회 풍조와 국내 외국어 교육의 문제점을 주된 이유로 제시한다.
③ '본론2-가'에서는 시간과 돈의 낭비, 탈선 가능성 등을 지적한다.
④ '본론2-나'에서는 주변 국가와 우리나라의 통계 수치를 비교하면서 우리나라 부모들의 지나친 교육열에 대한 우려의 시각을 드러낸다.

✔ 해설　④ '본론2-나'에서는 무분별한 조기 해외 어학연수의 국가적 차원의 문제점을 제시해야 한다. 부모들의 지나친 교육열은 국가적 차원의 문제점이라 볼 수 없다.

43 다음 중 주제문과 뒷받침 문장의 연결이 긴밀하지 못한 것은?

① 수치심이 자아와 관련된 일시적 감정이라면, 열등감은 장기적 감정이다. 사람들은 누구나 모종의 열등감이나 콤플렉스를 느끼고 산다. 이러한 느낌 때문에 스트레스가 쌓이고 삶이 고달파진다.

② 나무는 주어진 분수에 만족할 줄 안다. 나무로 태어난 것을 탓하지 아니하고, 왜 여기 놓이고 저기 놓이지 않았는가를 말하지 아니한다. 등성이에 서면 햇살이 따사로울까, 골짜기에 내려서면 물이 좋을까 하여, 새로운 자리를 엿보는 일도 없다.

③ 생활 주변에는 여러 가지 예술 작품들이 있다. 많은 젊은이들이 감명 깊게 읽는, 윤동주의 〈별 헤는 밤〉은 문학이면서 예술이다. 미술관에 전시된 그림, 조각품, 도자기도, 연극, 무용도, 라디오에서 흘러나오는 장엄한 교향악, 구성진 민요, 그리고 변진섭, 양수경의 노래도 모두 예술이다.

④ 토속 신앙의 특징은 그 내용이 세계의 어디에서나 공통적이고 거의 동일하다는 사실이다. 우리나라 동해안의 별신굿이나 루마니아 농촌의 봄의 축제나 멜라네시아의 아오리제(풍어를 기원하는 제사) 따위가 갖는 신앙의 내용은 그 형태의 이질성에도 불구하고 그 동기나 축원의 내용이나 그 현실성에서는 완전히 동질적이다.

✔**해설** ① 세 번째 문장에서 결과를 분석하여 주제에서 벗어났다.

44 다음 빈칸에 알맞은 접속사는?

> 우리말을 외국어와 비교하면서 우리말 자체가 논리적 표현을 위해서는 부족하다는 것을 주장하는 사람들이 있다. (　　) 우리말이 논리적 표현에 부적합하다는 말은 우리말을 어떻게 이해하느냐에 따라 수긍이 갈 수도 있고 그렇지 않을 수도 있다.

① 그리고　　　　　　　　　　　② 그런데
③ 왜냐하면　　　　　　　　　　④ 그러나

✔**해설** 뒷문장은 앞문장의 내용에 대한 부정과 반박에 해당하므로 역접의 기능을 가진 '그러나'가 들어가는 것이 적절하다.

Answer 42.④ 43.① 44.④

01. 의사소통능력 | 61

45 다음 부고장의 용어를 한자로 바르게 표시하지 못한 것은?

부고

　　상공주식회사의 최△△ 사장님의 부친이신 최○○께서 그동안 병환으로 요양 중이시던 중 20xx년 1월 5일 오전 7시에 별세하였기에 이를 고합니다. 생전의 후의에 깊이 감사드리며, 다음과 같이 영결식을 거행하게 되었음을 알려드립니다. 대단히 송구하오나 조화와 부의는 간곡히 사양하오니 협조 있으시기 바랍니다.

다음

1. 발인일시 : 20xx년 1월 7일 오전 8시
2. 장　　소 : 고려대학교 부속 구로병원 영안실 3호
3. 장　　지 : 경기도 이천시 ○○군 ○○면
4. 연 락 처 : 빈소 (02) 2675-0000
　　　　　　　　회사 (02) 6542-0000

첨부 : 영결식 장소(고대구로병원) 약도 1부.
　　　　미망인　　　　조 ○ ○
　　　　장　남　　　　최 ○ ○
　　　　차　남　　　　최 ○ ○
　　　　장례위원장　　홍 두 깨

※ 조화 및 부의 사절

---

① 영결식 – 永訣式　　　　　　② 조화 – 弔花
③ 부의 – 訃告　　　　　　　　④ 발인 – 發靷

✔ 해설　부의-賻儀

46 다음 공공언어 바로 쓰기 규정을 참고할 때, 제시된 문장 중 규정에 맞게 사용된 것은 어느 것인가?

□ 단어 바로 쓰기
 1) 정확한 용어 선택
 • 정확한 개념을 표현한 용어
 • 이해하기 쉬운 용어
 • 혼동되거나 오해할 가능성이 적은 용어
 • 어문 규범에 맞는 용어
 2) 순화어 사용
 • 우리말 다듬기(국어 순화)의 의미 : 국민 정서에 맞지 않는 말, 지나치게 어렵거나 생소한 말을 '
  쉽고 바르고 고운 말로 다듬는 것
 • 국어 순화의 목적 : 국어의 소통 기능 향상, 국어 문화와 민족 문화 발전
 • 다듬은 말의 효용 : 쉽고 원활한 의사소통 도모, 경제적 손실 방지
 3) 어문 규범 준수
 • 표준어 사용 : 온 국민에게 통용될 수 있는 언어 사용
 • 표기 규범 준수 : 올바른 국어 표기를 위한 어문 규범 준수
 −한글 맞춤법
 −외래어 표기법
 −국어의 로마자 표기법

□ 문장 바로 쓰기
 1) 간결하고 명료한 문장 사용
  가) 주어와 서술어의 호응
   • 주어와 서술어의 관계를 명확하게 표현함.
   • 능동과 피동 등 흔히 헷갈리기 쉬운 것에 유의
  나) 지나치게 긴 문장 삼가기
   • 여러 가지 정보는 여러 문장으로 나누어 작성함.
  다) 여러 뜻으로 해석되는 표현 삼가기
   • 하나의 뜻으로 해석되는 문장을 사용함.
  라) 명료한 수식어구 사용
   • 수식어구가 무엇을 수식하는지를 분명히 알 수 있는 표현을 사용함.
  마) 조사 · 어미 등 생략 시 어법 고려
   • 조사, 어미, '−하다' 등을 과도하게 생략하지 않음.

바) 대등한 것끼리 접속
- '-고/-며', '-와/-과' 등으로 접속되는 말에는 구조가 같은 표현을 사용함.

2) 외국어 번역 투 삼가기

우리말다운 문장이 가장 자연스러운 문장이며, 외국어 번역 투는 어순이나 문체 등이 자연스럽게 느껴지지 않을 수 있으므로 삼가야 함.

가) 영어 번역 투 삼가기
- 어색한 피동 표현(~에 의해 ~되다)
- 스스로 움직이지 않는 사물이나 추상적 대상이 능동적 행위의 주어로 나오는 문장

나) 일본어 번역 투 삼가기
- ~에 있다 : '~이다'로 바꾸어 사용함.
- ~에 있어서 : '~에 대하여', '~에 관하여', '~에서' 등으로 바꾸어 사용함.

① 팀장은 직원들과 회사의 인사 정책에 대하여 자유토론을 실시하였다.

② 우리 동네 주변에는 아웃렛 매장이 두 군데나 있어 계절 옷을 사기가 정말 편하다.

③ 원래 그 동굴은 원주민들에 의해 발견된 것이 아니다.

④ 앞으로 치러질 선거에 있어서 금품 수수 행위가 적발되면 입후보 자격이 취소된다.

✔ 해설 외래어 표기법에 따르면, '아울렛'은 틀린 표기이며, '아웃렛'이 올바른 외래어 표기이므로 규정에 맞게 쓰인 문장이다.
① 의미가 명확하지 않고 모호하므로 다음과 같이 수정하여야 한다.
→'팀장은 직원들과 함께 한 자리에서 회사의 인사 정책에 대하여~' 또는 '팀장은 직원들을 비롯한 회사의 인사 정책에 대하여~'
③ 굳이 피동형을 쓸 이유가 없는 불필요한 피동형이므로 다음과 같이 수정하여야 한다.
→'원래 그 동굴은 원주민들이 발견한 것이 아니다.'
④ 일본어 번역 투이므로 다음과 같이 수정하여야 한다.
→'앞으로 치러질 선거에서 금품~'

47 다음 내용을 바탕으로 하여 '정보화 사회'라는 말을 정의하는 글을 쓰려고 한다. 반드시 포함되어야 할 속성끼리 묶인 것은?

> '정보화 사회'라는 말을 '정보를 생산하여 주고받는 사회'라고 막연하게 생각하기 쉽다. 그러나 상품을 생산하여 수요 공급의 원칙에 따라 판매하고 소비하는 사회를 정보화 사회라고 하지 않는다. 이는 자급자족하는 사회를 정보화 사회라고 말하지 않는 것과 같다. 정보화 사회는 인간이 의도적으로 생산한 정보를 유통하여 경제가 발전하고 가치가 창조되게 하는 사회이다.

① 유동성, 인위성, 경제성
② 전달성, 인위성, 가치
③ 전달성, 생산성, 불변성
④ 전달성, 인위성, 불변성

✔해설 "정보화 사회라는 말을 ~ 않는 것과 같다."에서는 전달성을, "정보화 사회는 ~ 사회이다."에서는 인위성과 가치를 나타내고 있다.

48 A국에 대한 아래 정치, 경제 동향 자료로 보아 가장 타당하지 않은 해석을 하고 있는 사람은?

> • 작년 말 실시된 대선에서 여당 후보가 67%의 득표율로 당선되었고, 집권 여당이 250석 중 162석의 과반 의석을 차지해 재집권에 성공하면서 집권당 분열 사태는 발생하지 않을 전망이다.
> • 불확실한 선거 결과 및 선거 이후 행정부의 정책 방향 미정으로 해외 투자자들은 A국에 대한 투자를 계속 미뤄 왔으며 최근 세계 천연가스의 공급 초과 우려가 제기되면서 관망을 지속하는 중이다.
> • 2000년대 초반까지는 종교 및 종족 간의 갈등이 심각했지만, 현재는 거의 종식된 상태이며, 민주주의 정착으로 안정적인 사회 체제를 이뤄 가는 중이나 빈부격차의 심화로 인한 불안 요인은 잠재되어 있는 편이다.
> • 주 사업 분야인 광물자원 채굴과 천연가스 개발 붐이 몇 년간 지속되면서 인프라 확충에도 투자가 많이 진행되어 경제성장이 지속되어 왔다.
> • A국 중앙은행의 적절한 대처로 A국 통화 가치의 급격한 하락은 나타나지 않을 전망이다.
> • 지난 3년간의 경제 지표는 아래와 같다.(뒤의 숫자일수록 최근 연도를 나타내며 Tm은 A국의 통화 단위)
> −경제성장률 : 7.1%, 6.8%, 7.6%
> −물가상승률 : 3.2%, 2.8%, 3.4%
> −달러 당 환율(Tm/USD) : 31.7, 32.5, 33.0
> −외채 잔액(억 달러) : 100, 104, 107
> −외채 상환 비율 : 4.9%, 5.1%, 5.0%

① 갑 : 외채 상환 비율이 엇비슷한데도 외채 잔액이 증가한 것은 인프라 확충을 위한 설비 투자 때문일 수도 있겠어.
② 을 : 집권 여당의 재집권으로 정치적 안정이 기대되지만 빈부격차가 심화된다면 사회적 소요의 가능성도 있겠네.
③ 병 : A국의 경제성장률에 비하면 물가상승률은 낮은 편이라서 중앙은행이 물가 관리를 비교적 잘 하고 있다고 볼 수 있네.
④ 정 : 지난 3년간 A국의 달러 당 환율을 보면 A국에서 외국으로 수출하는 기업들은 대부분 환차손을 피하기 어려웠겠네.

✔해설 ④ 환차손은 환율변동에 따른 손해를 말하는 것으로 환차익에 반대되는 개념이다. A국에서 외국으로 수출하는 기업들은 3년간 달러 당 환율의 상승으로 받을 돈에 있어서 환차익을 누리게 된다.

49 다음은 손해배상금 책정과 관련된 규정과 업무 중 사망사건에 대한 자료이다. 빈칸 A, B에 들어갈 값으로 옳은 것은?

> 손해배상책임의 여부 또는 손해배상액을 정할 때에 피해자에게 과실이 있으면 그 과실의 정도를 반드시 참작하여야 하는데 이를 '과실상계(過失相計)'라고 한다. 예컨대 택시의 과속운행으로 승객이 부상당하여 승객에게 치료비 등 총 손해가 100만 원이 발생하였지만, 사실은 승객이 빨리 달리라고 요구하여 사고가 난 것이라고 하자. 이 경우 승객의 과실이 40%이면 손해액에서 40만 원을 빼고 60만 원만 배상액으로 정하는 것이다. 이는 자기 과실로 인한 손해를 타인에게 전가하는 것이 부당하므로 손해의 공평한 부담이라는 취지에서 인정되는 제도이다.
>
> 한편 손해가 발생하였어도 손해배상 청구권자가 손해를 본 것과 같은 원인에 의하여 이익도 보았을 때, 손해에서 그 이익을 공제하는 것을 '손익상계(損益相計)'라고 한다. 예컨대 타인에 의해 자동차가 완전 파손되어 자동차 가격에 대한 손해배상을 청구할 경우, 만약 해당 자동차를 고철로 팔아 이익을 얻었다면 그 이익을 공제하는 것이다. 주의할 것은, 국가배상에 의한 손해배상금에서 유족보상금을 공제하는 것과 같이 손해를 일으킨 원인으로 인해 피해자가 이익을 얻은 경우이어야 손익상계가 인정된다는 점이다. 따라서 손해배상의 책임 원인과 무관한 이익, 예컨대 사망했을 경우 별도로 가입한 보험계약에 의해 받은 생명보험금이나 조문객들의 부의금 등은 공제되지 않는다.
>
> 과실상계를 할 사유와 손익상계를 할 사유가 모두 있으면 과실상계를 먼저 한 후에 손익상계를 하여야 한다.

> 공무원 김 씨는 업무 중 사망하였다. 법원이 인정한 바에 따르면 국가와 김 씨 모두에게 과실이 있고, 손익상계와 과실상계를 하기 전 김 씨의 사망에 의한 손해액은 6억 원이었다. 김 씨의 유일한 상속인인 아내는 김 씨의 사망으로 유족보상금 3억 원과 김 씨가 개인적으로 가입했던 보험계약에 의해 생명보험금 6천만 원을 수령하였다. 그 밖에 다른 사정은 없었다.
>
> 법원은 김 씨의 과실을 (A)%, 국가의 과실을 (B)%로 판단하여 국가가 김 씨의 상속인인 아내에게 배상할 손해배상금을 1억 8천만 원으로 정하였다.

① A : 20, B : 80

② A : 25, B : 75

③ A : 30, B : 70

④ A : 35, B : 65

✔해설 국가와 김 씨 모두에게 과실이 있었으므로 과실상계를 한 후 손익상계를 하여야 하는데, 그 금액이 1억 8천만 원이었으므로, 손익상계(유족보상금 3억 원)를 하기 전 금액은 4억 8천만 원이 된다. 총 손해액이 6억 원이므로 법원은 김 씨의 과실을 20%(1억 2천만 원), 국가의 과실을 80%(4억 8천만 원)으로 판단한 것이다.

50 다음 내용은 방송 대담의 한 장면이다. 이를 통해 알 수 있는 것은?

> 사회자 : '키워드로 알아보는 사회' 시간입니다. 의료 서비스 시장 개방이 눈앞의 현실로 다가오고 있습니다. 이와 관련하여 오늘은 먼저 의료 서비스 시장의 특성에 대해서 알아보겠습니다. 김 박사님 말씀해주시죠.
>
> 김 박사 : 일반적인 시장에서는 소비자가 선택할 수 있는 상품의 폭이 넓습니다. 목이 말라 사이다를 마시고 싶은데, 사이다가 없다면 대신 콜라를 마시는 식이지요. 하지만 의료 서비스 시장은 다릅니다. 의료 서비스 시장에서는 음료수를 고르듯 아무 병원이나, 아무 의사에게 갈 수는 없습니다.
>
> 사회자 : 의료 서비스는 일반 시장의 상품과 달리 쉽게 대체할 수 있는 상품이 아니라는 말씀이군요.
>
> 김 박사 : 예, 그렇습니다. 의료 서비스라는 상품은 한정되어 있다는 특성이 있습니다. 우선 일정한 자격을 가진 사람만 의료 행위를 할 수 있기 때문에 의사의 수는 적을 수밖에 없습니다. 의사의 수가 충분하더라도 소비자, 즉 환자가 만족할 만한 수준의 병원을 설립하는 데는 더 큰 비용이 들죠. 그래서 의사와 병원의 수는 의료 서비스를 받고자 하는 사람보다 항상 적을 수밖에 없습니다.
>
> 사회자 : 그래서 종합 병원에 항상 그렇게 많은 환자가 몰리는군요. 저도 종합 병원에 가서 진료를 받기 위해 오랜 시간을 기다린 적이 많습니다. 그런데 박사님…… 병원에 따라서는 환자에게 불필요한 검사까지 권하는 경우도 있다고 하던데요…….
>
> 김 박사 : 그것은 '정보의 비대칭성'이라는 의료 서비스 시장의 특성과 관련이 있습니다. 의료 지식은 매우 전문적이어서 환자들이 자신의 증상에 관한 정보를 얻기가 어렵습니다. 그래서 환자는 의료 서비스를 수동적으로 받아들일 수밖에 없습니다. 중고차 시장을 생각해보시면 될 텐데요, 중고차를 사려는 사람이 중고차 판매자를 통해서만 차에 관한 정보를 얻을 수 있는 것과 마찬가지입니다.
>
> 사회자 : 중고차 판매자는 중고차의 좋지 않은 점을 숨길 수 있으니 정보가 판매자에게 집중되는 비대칭성을 나타낸다고 보면 될까요?
>
> 김 박사 : 맞습니다. 의료 서비스 시장도 중고차 시장과 마찬가지로 소비자의 선택에 불리한 구조로 이루어져 있습니다. 따라서 의료 서비스 시장을 개방하기 전에는 시장의 특수한 특성을 고려해 소비자가 피해보는 일이 없도록 많은 논의가 이루어져야 할 것입니다.

① 의료서비스 수요자의 증가와 의료 서비스의 질은 비례한다.
② 의료서비스 시장에서는 공급자 간의 경쟁이 과도하게 나타난다.
③ 의료서비스 시장에서는 소비자의 의료서비스 선택의 폭이 좁다.
④ 의료서비스 공급자와 수요자 사이에는 정보의 대칭성이 존재한다.

✔해설 의료 서비스 시장에서는 의료 행위를 하기 위한 자격이 필요하고, 환자가 만족할 만한 수준의 병원을 설립하는 데 비용이 많이 들어 의사와 병원의 수가 적어 소비자의 선택의 폭이 좁다고 하였다.

> 금융거래는 자금공급자로부터 자금수요자로 자금이 이동하는 형태에 따라 직접금융과 간접금융으로 구분된다. 직접금융은 자금수요자가 자기명의로 발행한 증권을 자금공급자에게 팔아 자금공급자로부터 자금을 직접 조달하는 거래이고, 간접금융은 은행과 같은 금융 중개 기관을 통하여 자금이 공급자에게서 수요자에게로 이동되는 거래이다. 직접금융의 대표적인 수단으로 주식·채권 등이 있으며 간접금융거래의 대표적인 수단으로 예금과 대출 등이 있다. 간접금융 또는 주거래은행제도는 다음과 같은 특징을 지닌다. 첫째, 은행과 고객기업 간에는 장기적 거래관계가 있다. 둘째, 은행은 고객기업의 결제구좌의 보유나 회사채 수탁업무 등을 통해 시장이나 다른 금융기관이 입수하기 힘든 기업의 내부정보를 얻어 동 기업이 일시적인 경영위기에 봉착했는가 아니면 근본적인 경영파산 상태에 빠져 있는가 등을 분별해 낼 수 있다. 셋째, 은행은 위와 같은 기업 감시 활동을 통해 근본적인 경영파산 상태에 놓인 기업을 중도에 청산시키거나 계속기업으로서 가치가 있으나 일시적인 경영위기에 봉착한 기업을 구제할 수 있다. 그 외에도 은행은 다른 금융기관이나 예금자의 위임된 감시자로서 활동하여 정보의 효율성을 향상시킬 수도 있는데, 상대적인 의미에서 이들은 직접금융을 위주로 하는 시장지향형 경제시스템에서 흔치 않은 경험적 사실이라 하겠다.

51 다음 중 직접금융거래의 예로 옳은 것은?

① ○○은행에서 아무나펀드에 가입한 철수
② 주식으로 ㅁㅁ그룹에서 발행하는 증권을 산 민수
③ △△은행에서 대출자금을 빌린 ××기업
④ ▽▽은행에 그 동안 모은 돈을 예금한 영희

✔해설 ①③④ 간접금융거래에 해당한다.

52 다음 중 채권의 사전적 의미로 옳은 것은?

① 일정한 계약에 의하여 은행이나 우체국 따위에 돈을 맡기는 일
② 주식회사의 자본을 구성하는 단위
③ 국가, 지방자치단체, 은행, 회사 등이 사업에 필요한 자금을 차입하기 위해 발행하는 유가증권
④ 돈이나 물건 따위를 빌려주거나 빌리는 일

✔해설 ① 예금 ② 주식 ④ 대출

Answer 50.③ 51.② 52.③

온도와 압력의 변화에 의해 지각 내 암석의 광물 조합 및 조직이 변하게 되는 것을 '변성 작용'이라고 한다. 일반적으로 약 100 ~ 500℃ 온도와 비교적 낮은 압력에서 일어나는 변성 작용을 '저변성 작용'이라 하고, 약 500℃ 이상의 높은 온도와 비교적 높은 압력에서 일어나는 변성 작용을 '고변성 작용'이라 한다.

변성 작용에 영향을 주는 여러 요인들 중에서 중요한 요인 중 하나가 온도이다. 밀가루, 소금, 설탕, 이스트, 물 등을 섞어 오븐에 넣으면 높은 온도에 의해 일련의 화학 반응이 일어나 새로운 화합물인 빵이 만들어진다. 이와 마찬가지로 암석이 가열되면 그 속에 있는 광물들 중 일부는 재결정화되고 또 다른 광물들은 서로 반응하여 새로운 광물들을 생성하게 되어, 그 최종 산물로서 변성암이 생성된다. 암석에 가해지는 열은 대개 지구 내부에서 공급된다. 섭입이나 대륙 충돌과 같은 지각 운동에 의해 암석이 지구 내부로 이동할 때 이러한 열의 공급이 많이 일어난다. 지구 내부의 온도는 지각의 내부 환경에 따라 상승 비율이 다르지만 일반적으로 지구 내부로 깊이 들어갈수록 높아진다. 이렇게 온도가 높아지는 것은 변성 작용을 더 활발하게 일으키는 요인이 된다. 예를 들어 점토 광물을 함유한 퇴적암인 셰일이 지구 내부에 매몰되면 지구 내부의 높은 온도로 암석 내부의 광물들이 서로 합쳐지거나 새로운 광물들이 생성되어 변성암이 되는데, 저변성 작용을 받게 되면 점판암이 되고, 고변성 작용을 받게 되면 편암이나 편마암이 되는 것이다.

암석의 변성 작용을 일으키는 또 하나의 중요한 요인은 압력이다. 모든 방향에서 일정한 힘이 가해지는 압력을 '균일 응력'이라 하고, 어느 특정한 방향으로 더 큰 힘이 가해지는 압력을 '차등 응력'이라고 하는데, 변성암의 경우 주로 차등 응력 조건에서 생성되며 그 결과로 뚜렷한 방향성을 갖는 조직이 발달된다. 변성 작용이 진행됨에 따라 운모와 녹니석과 같은 광물들이 자라기 시작하며, 광물들은 층의 방향이 최대 응력 방향과 수직을 이루는 방향으로 배열된다. 이렇게 새롭게 생성된 판 형태의 운모류 광물들이 보여 주는 면 조직을 '엽리'라고 부른다.

엽리를 보여 주는 암석들은 얇은 판으로 떨어져 나가는 경향이 있다. 그리고 엽리가 관찰될 경우 이는 변성 작용을 받았다는 중요한 근거가 된다. 저변성암은 매우 미세한 입자들로 구성되어 있어 새로 형성된 광물 입자들은 현미경을 사용하여 관찰할 수 있는데, 이때의 엽리를 '점판벽개'라고 부른다. 반면에 고변성 작용을 받게 되면 입자들이 커지고 각 광물입자들을 육안으로 관찰할 수 있다. 이때의 엽리를 '편리'라고 부른다.

고체에 변화가 생겼을 때, 고체는 액체나 기체와 달리 고체를 변화시킨 영향을 보존하는 경향이 있다. 변성암은 고체 상태에서 변화가 일어나기 때문에 변성암에는 지각에서 일어났던 모든 일들이 보존되어 있다. 그들이 보존하고 있는 기록들을 해석하는 것이 지질학자들의 막중한 임무이다.

① 변성 작용이 일어나면 재결정화되는 광물들이 있다.
② 변성암은 고체 상태에서 광물 조합 및 조직이 변화한다.
③ 지표의 암석들은 섭입에 의해 지구 내부로 이동될 수 있다.
④ 차등 응력 조건 하에서 광물들은 최대 응력 방향과 동일한 방향으로 배열된다.

> ✔해설 광물들은 층의 방향이 최대 응력 방향과 수직을 이루는 방향으로 배열된다고 했으므로, 광물들이 최대 응력이 가해지는 방향과 동일한 방향으로 배열된다는 것은 적절하지 않다.

54 다음 기획서를 보고 잘못된 부분을 고르면?

신간 도서 기획서

제목 : NCS 뽀개기

1. 개요

국가직무능력표준은 산업현장에서 직무를 수행하기 위해 요구되는 지식·기술·소양 등의 내용을 국가가 산업부문별·수준별로 체계화한 것으로, 산업현장의 직무를 성공적으로 수행하기 위해 필요한 능력을 국가적 차원에서 표준화한 것을 말한다.

2. 현재 상태

국가직무능력표준의 새로운 도입으로 인하여 공사·공단에서 입사시험으로 채택하여 활용하고 있으나 지원자들에게는 생소하고 어렵게만 느껴지는 상태이다.

3. 목표

국가직무능력표준이라는 단어에 맞게 NCS의 취지와 내용을 바르게 이해하고 학습에 도움을 줄 수 있는 도서를 개발하여 해당 지원자들의 능력 향상과 원하는 기업에 입사할 수 있도록 도움을 주어 국내 NCS 관련 도서의 베스트가 되도록 한다.

4. 구성

① 각 영역별 시리즈물

② 정확성, 예측성, 지식 제공의 기본 원칙을 준수

③ 각 권 총 5개의 챕터로 구성하여 약 200페이지 내외로 구성

④ 수험생들이 이해하기 쉽도록 도표와 그림 활용

5. 제작 기간

6개월

6. 기대효과

어렵고 딱딱하기만 한 국가직무능력표준에 대한 내용을 수험생들에게 이해하기 쉽도록 전달하고, 이를 통해 NCS에 대한 두려움을 없애고 실력향상에 도움을 주어 타 출판사의 경쟁도서를 누르고 성공적인 위치를 차지할 것으로 기대된다.

20xx년 6월 20일
기획팀 대리 ○○○

---

① 개요　　　　　　　　　　② 현재 상태
③ 목표　　　　　　　　　　④ 구성

✓해설 기획서는 무엇을 위한 기획서인지 핵심 메시지가 정확히 도출되어야 하며, 상대에게 어필하여 상대가 채택하게끔 설득력을 갖추고 있어야 한다. 글의 내용이 한 눈에 파악되도록 구성하여야 하며, 핵심내용의 표현에 많은 신경을 기울여야 한다. 개요 부분에서는 기획하고자 하는 도서에 대한 내용을 간결하게 추려 나타내어야 한다. 즉, 1. 개요의 내용으로는 '국가직무능력표준에 대한 이해와 정확한 학습방법을 위한 도서 출간 기획'이 적당하다.

55 다음 공문서에서 잘못된 부분을 수정한 것으로 옳지 않은 것은?

대한인재개발원

수신자 : 한국대학, 미래대학, 대한개발주식회사

(경유)

제목 : 2021년 창의 인재 전문직업인 교육 과정 안내

〈중략〉

－아래－

① 교육과정 : 2021년 창의 인재 전문직업인 교육

② 교육장소 : 대한인재개발원(서울 서초구 양재동 소재)

③ 교육기간 : 2021년 12월 2일 ~ 12월 20일

④ 신청방법 : 각 대학 취업지원센터에서 신청서 접수

붙임 : 창의 인재 전문직업인 교육 과정 신청서 1부

대한인재개발원장

대리 김성수   이사 이×× 부원장   대결 김서원

협조자

시행 : 교육개발팀－210620(2021.10.1)

접수 : 서울 서초구 양재동 11 / http://www.dh.co.kr

전화 : 02-3476-0000 팩스 : 02-3476-0001 / serum@dh.co.kr / 공개

---

① 붙임 항목의 맨 뒤에 "."을 찍고 1자 띄우고 '끝.'을 기입하여야 한다.

② 교육기간의 연월일을 온점(.)으로 변경하여야 한다.

③ 수신자 목록을 발신명의 아래에 수신처 참조 목록으로 내려 기입하여야 한다.

④ 시행 항목의 시행일자 뒤에 수신기관의 문서보존기간 3년을 삽입하여야 한다.

> ✔해설 공문서는 시행일자 뒤에 수신처에서 문서를 보존할 기간을 기입하여야 하며, 행정기관이 아닌 경우 기재하지 않아도 된다. 보존기간의 표시는 영구, 준영구, 10년, 5년, 3년, 1년 등을 사용한다.

Answer 54.① 55.④

CHAPTER 02

수리능력

1 물탱크에 물을 채우는데 A호스를 사용하면 8시간이 걸리고, B호스를 사용하면 12시간이 걸린다고 한다. 처음부터 일을 마치기 전 3시간까지는 A호스와 B호스를 동시에 사용하고, 나머지 3시간은 A호스만 사용하여 물을 다 채웠다. 물을 다 채우는데 걸린 시간은?

① 4시간

② 5시간

③ 6시간

④ 7시간

✔ 해설 A호스가 1시간 동안 채우는 물의 양 : $\dfrac{1}{8}$

B호스가 1시간 동안 채우는 물의 양 : $\dfrac{1}{12}$

걸린 시간을 x라 하면

$$(x-3) \times \left(\dfrac{1}{8} + \dfrac{1}{12} \right) + \dfrac{3}{8} = 1$$

$$\dfrac{5x-6}{24} = 1$$

$$5x = 30$$

$$\therefore x = 6$$

2 다음은 20xx년 우리나라의 진료비가 가장 큰 상위 5개 질병에 대한 질병단위별 진료비 특성을 나타낸 예시자료이다. 진료인원 1명당 평균 내원일수와 평균 진료비에 대한 설명으로 올바르지 않은 것은?

순위	코드	질병명	진료인원(천 명)	내원일수(천 일)	진료비(백만 원)
1	I10	본태성(원발성)고혈압	5,806	44,161	2,921,284
2	E11	2형 당뇨병	2,538	19,340	1,850,898
3	N18	만성신장병	206	8,914	1,812,563
4	F00	알츠하이머병에서의 치매	398	20,701	1,618,097
5	J20	급성기관지염	15,988	55,960	1,516,446

① 진료인원 1명당 평균 내원일수와 평균 진료비는 모두 만성신장병이 가장 크다.

② 급성기관지염은 두 개의 수치가 모두 가장 작다.

③ 10일 이하의 평균 내원일수를 보이는 질병은 3가지이다.

④ 평균 진료비가 1백만 원을 넘는 질병은 2가지이다.

✔해설 진료인원 1명당 평균 내원일수는 '내원일수÷진료인원'으로 계산할 수 있으며, 진료인원 1명당 평균 진료비는 '진료비÷진료인원'으로 다음과 같이 각각 계산할 수 있다.
본태성고혈압 : $44,161 \div 5,806 = 7.61$ 일, $(2,921,284 \times 1,000,000) \div (5,806 \times 1,000) = 503,149$ 원
2형 당뇨병 : $19,340 \div 2,538 = 7.62$, $(1,850,898 \times 1,000,000) \div (2,538 \times 1,000) = 729,274$ 원
만성신장병 : $8,914 \div 206 = 43.27$, $(1,812,563 \times 1,000,000) \div (206 \times 1,000) = 8,798,850$ 원
치매 : $20,701 \div 398 = 52.01$, $(1,618,097 \times 1,000,000) \div (398 \times 1,000) = 4,065,570$ 원
급성기관지염 : $55,960 \div 15,988 = 3.50$, $(1,516,446 \times 1,000,000) \div (15,988 \times 1,000) = 94,849$ 원
따라서 진료인원 1명당 평균 내원일수는 치매가, 평균 진료비는 만성신장병이 가장 큰 것을 확인할 수 있다.

Answer 1.③ 2.①

▌3~4 ▌ 연도별 의료보장 적용인구에 대한 다음 예시자료를 참고하여 이어지는 물음에 답하시오.

〈건강보험 적용인구〉

(단위 : 천 명)

구분		2016	2017	2018	2019	2020	2021	2022	2023
직장	가입자	12,664	13,397	13,991	14,606	15,141	15,790	16,338	16,830
	피부양자	19,620	19,860	20,115	20,400	20,461	20,465	20,337	20,069
	부양률(명)	1.55	1.48	1.44	1.40	1.35	1.30	1.24	1.19
지역	세대주	7,041	6,945	6,818	6,683	6,655	6,507	6,482	6,541
	세대원	9,482	9,098	8,738	8,304	8,060	7,758	7,607	7,501
	부양률(명)	1.35	1.31	1.28	1.24	1.21	1.19	1.17	1.15

〈유형별 의료보장 적용인구〉

(단위 : 천 명)

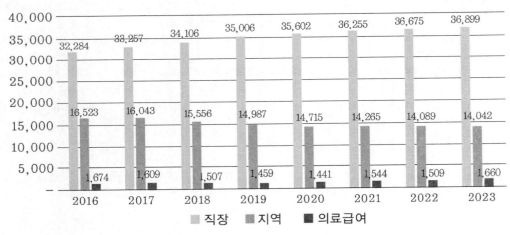

3 다음 중 위의 자료에 대한 올바른 설명이 아닌 것은?

① 2023년의 건강보험 적용인구 중 직장 가입자 비율은 72.4%이다.

② 직장과 지역 건강보험 가입자를 합한 수는 매년 꾸준히 증가하고 있다.

③ 의료급여 적용인구는 매년 건강보험 적용인구 대비 3% 이상의 비중을 보이고 있다.

④ 부양률은 가입자(세대주)에 대한 피부양자(세대원)의 배율을 의미한다.

> ✔ 해설 2019, 2020, 2022년에는 '의료보장 적용인구÷건강보험 적용인구(직장+지역)×100'의 결과가 3%에 못 미치는 결과를 보이고 있다.
> ① $36,899 \div (36.899 + 14,042) \times 100 = 72.4\%$ 이다.
> ② 직장 가입자는 증가 추세, 지역 가입자는 감소 추세이나 둘을 합한 가입자 수는 매년 꾸준히 증가하고 있음을 알 수 있다.
> ④ 피부양자(세대원)÷가입자(세대주)=부양률이 되는 것을 확인할 수 있으므로 올바른 판단이다.

4 직장과 지역을 합산한 건강보험 적용인구 전체에 대한 2016년 대비 2023년의 부양률 변화를 올바르게 설명한 것은?

① 약 -20%의 감소율을 보이고 있다.

② 약 20%의 증가율을 보이고 있다.

③ 약 0.5%p의 부양률 차이를 보이고 있다.

④ 약 -12%의 감소율을 보이고 있다.

> ✔ 해설 각 연도의 건강보험 적용인구에 대한 부양률을 구해 보면 다음과 같다.
> 2016년 : $(19,620 + 9,482) \div (12,664 + 7,041) = 1.48$
> 2023년 : $(20,069 + 7,501) \div (16,830 + 6,541) = 1.18$
> 따라서 $(1.18 - 1.48) \div 1.48 \times 100 = $ 약 -20%의 감소율을 보이고 있음을 알 수 있다.

5 다음은 연도별 분만기관별 분만 진료현황을 나타낸 예시자료이다. 다음 자료에 대한 올바른 설명이 아닌 것은?

구분		분만기관수 (단위 : 개소)	분만건수(단위 : 건)			
			계	자연분만	(브이백)	제왕절개
2020년	상급종합병원	42	23,728	10,116	(72)	13,612
	종합병원	89	35,461	17,404	(156)	18,057
	병원	145	197,546	118,337	(724)	79,209
	의원	313	146,742	86,923	(483)	59,819
	조산원	18	1,226	1,226	–	–
2021년	상급종합병원	42	22,240	8,621	(72)	13,619
	종합병원	85	33,937	15,008	(139)	18,929
	병원	148	172,611	98,765	(673)	73,846
	의원	290	128,571	73,640	(341)	54,931
	조산원	16	926	926	–	–

* 브이백(VBAC) : 제왕절개 후 자연분만으로, 자연분만에 포함된다.

① 2021년에는 전년보다 분만기관과 분만건수가 모두 감소하였다.

② 조산원의 1개소 당 평균 분만건수는 2020년이 2021년보다 더 많다.

③ 종합병원의 경우 총 분만건수에서 브이백에 의한 분만이 차지하는 비중이 2021년에 전년보다 더 낮아졌다.

④ 분만기관 1개소 당 평균 브이백 분만을 가장 적게 실시한 분만기관은 두 해 모두 상급종합병원이다.

✔해설 상급종합병원은 2020년과 2021년에 모두 1개소 당 평균 1.71건의 브이백 분만이 이루어졌으나, 의원은 2020년 483 ÷ 313 = 약 1.54건, 2021년은 341 ÷ 290 = 약 1.18건으로 두 해 모두 가장 낮은 평균 분만건수를 보이고 있다.

① 분만기관 수는 607 → 581개로, 분만건수는 404,703 → 358,285건으로 모두 감소하였다.

② 2020년에는 1,226 ÷ 18 = 약 68.1건이며, 2021년에는 926 ÷ 16 = 약 57.9건이다.

③ 2020년 종합병원의 경우 156 ÷ 35,461 × 100 = 약 0.44%이며, 2021년은 139 ÷ 33,937 × 100 = 약 0.41%로 전년보다 더 낮아졌다.

┃6~7┃ 다음은 우리나라 요양기관의 근무 인력 성별 현황에 대한 예시자료이다. 이를 보고 이어지는 물음에 답하시오.

〈연도별 근무 인력 현황〉 (단위 : 명)

구분	계	의사	치과의사	한의사	약사	간호사
2017년	298,676	90,710	22,482	18,199	32,537	134,748
2018년	314,501	92,927	22,952	18,767	32,645	147,210
2019년	329,315	95,076	23,540	19,246	33,206	158,247
2020년	355,535	97,713	24,150	19,737	33,946	179,989
2021년	368,763	100,241	25,300	20,389	36,980	185,853

〈근무 인력 성별 지역별 현황〉 (단위 : 명)

구분	서울	부산	대구	인천	광주	대전	울산	세종
남자	29,938	9,552	6,623	6,188	4,418	4,357	2,573	423
여자	19,583	4,216	3,283	2,434	2,008	1,951	770	156

구분	경기	강원	충북	충남	전북	전남	경북	경남	제주
남자	24,952	3,791	3,708	5,011	5,192	4,856	5,660	7,672	1,524
여자	12,278	955	950	1,157	1,624	983	1,392	2,238	494

6 다음 중 위의 자료를 보고 올바른 판단을 내린 것은?

① 근무 인력 중 여성의 비율이 가장 높은 2개 지역은 서울과 경기이다.

② 전년 대비 2021년에 가장 많이 증가한 근무 인력은 약사이다.

③ 2017년 대비 2021년의 근무 인력 증가율이 가장 낮은 것은 한의사이다.

④ 근무 인력 중 여성의 비율이 가장 낮은 지역은 전남이다.

✔해설 16.8%를 기록한 전남의 여성 인력이 전체 지역의 여성 인력 비율 중 가장 낮음을 알 수 있다.
① 서울은 39.5%, 경기는 33.0%의 여성 비율을 보이며, 대구가 33.1%로 두 번째로 여성 비율이 높은 지역이다.
② 약사는 3,034명이 증가한 반면, 간호사는 이보다 많은 5,864명이 증가하였다.
③ 한의사는 약 12%의 증가율을 보이고 있으나, 의사는 이보다 낮은 10.5%의 증가율을 보이고 있다.

Answer 5.④ 6.④

7 위의 자료를 근거로 작성한 다음과 같은 세부 자료 중 적절하지 않은 것은?

① 〈전체 근무 인력의 연도별 증가율, 단위 : %〉

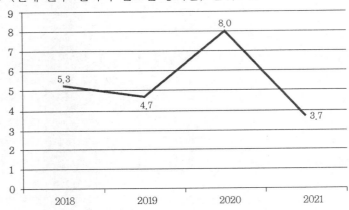

② 〈여성 인력의 비율 상위 5개 지역의 남녀비, 단위 : 명〉

	서울	대구	경기	광주	대전
남녀비	1.53	2.02	2.03	2.20	2.23

* 남녀비는 여성 1명에 대한 남성의 수를 의미한다.

③ 〈2017년과 2021년의 근무 인력 구성비 변화, 단위 : %〉

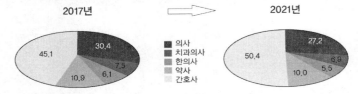

④ 〈여성 근무 인력 비율 상하위 5개 지역의 여성 비율 비교, 단위 : %〉

상위 5개 지역	서울 39.5%	대구 33.1%	경기 33.0%	광주 31.2%	대전 30.9%
하위 5개 지역	전남 16.8%	충남 18.8%	충북 19.7%	경북 20.1%	강원 20.4%

✔️해설 ④의 자료에서는 하위 5개 지역의 여성 인력 비율과 지역명이 올바르게 연결되어 있지 않다. 경북 19.7%, 강원 20.1%, 충북 20.4%가 올바른 데이터가 된다.

8 다음은 A, B, C의원에서 1차 진료를 받은 후 P, Q, R대학병원에서 2차 진료를 받은 환자 수를 나타낸 표이다. 의원에서 진료 받은 전체 환자들 중 P, Q, R대학병원에서 진료 받은 환자들의 비율은 각각 얼마인가? (단, 반올림하여 소수 첫째 자리까지만 표시함)

1차 진료 〉 2차 진료	P대학병원	Q대학병원	R대학병원
A의원	23	16	20
B의원	15	20	26
C의원	18	28	22

	P대학병원	Q대학병원	R대학병원
①	32.2%	33.6%	35.2%
②	29.8%	34.0%	36.2%
③	28.6%	33.5%	37.9%
④	27.5%	35.4%	37.1%

✔해설 의원에서 진료 받은 전체 환자의 수는 주어진 표의 환자 수 총계이므로 188명이 된다. 이 중 P, Q, R대학병원에서 진료 받은 환자의 수는 각각 $23+15+18=56$명, $16+20+28=64$명, $20+26+22=68$명이 되므로 각 대학병원에서 진료 받은 환자들의 비율은 P대학병원이 $56÷188×100=$약 29.8%, Q대학병원에서 진료 받은 환자들의 비율은 $64÷188×100=$약 34.0%, R대학병원에서 진료 받은 환자들의 비율은 $68÷188×100=$약 36.2%가 된다.

Answer 7.④ 8.②

다음 예시자료를 보고 이어지는 물음에 답하시오.

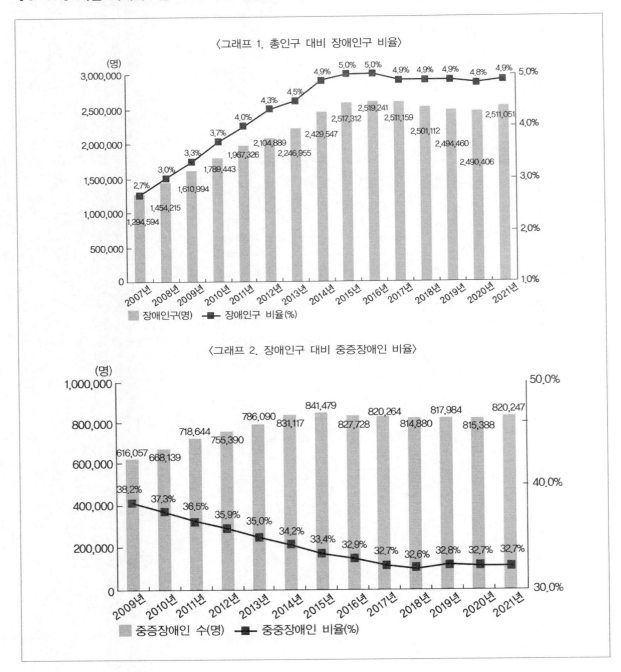

〈그래프 1. 총인구 대비 장애인구 비율〉

〈그래프 2. 장애인구 대비 중증장애인 비율〉

9 위의 자료를 참고할 때, 2021년의 총인구 대비 중증장애인구의 비율은? (단, 인구의 수는 소수점 이하 절삭하여 일의 단위까지 표시함)

① 약 0.8%

② 약 1.1%

③ 약 1.4%

④ 약 1.6%

> ✔ 해설 그래프 1은 총인구 대비 장애인구 비율을 나타내므로 2021년의 총인구는 $2,511,051 \div 0.049$
> $= 51,245,938$명이 된다. 따라서 2021년의 총인구 대비 중증장애인구의 비율은
> $820,247 \div 51,245,938 \times 100 =$약 1.6%가 됨을 알 수 있다.

10 다음 중 위의 두 그래프를 올바르게 이해하지 못한 것은?

① 장애인구의 수가 증가하거나 감소할 때, 총인구 대비 장애인구의 비율이 감소하거나 증가한 해는 한 번도 없다.

② 2020년 대비 2021년의 총인구 증가율은 같은 기간 장애인구 증가율보다 더 크다.

③ 중증장애인 수가 전년보다 적으면서 장애인구 대비 중증장애인구의 비율도 감소한 해는 모두 4개 연도이다.

④ 2009~2014년까지는 중증장애인 수가 지속 증가하였으나, 장애인구 수는 중증장애인 수 증가율보다 더 낮은 증가율을 보였다.

> ✔ 해설 2009 ~ 2014년까지의 중증장애인 수는 지속 증가하였으나, 장애인구 대비 비율은 지속 감소하고 있다. 이것은 중증장애인의 수 증가율보다 장애인구의 수 증가율이 더 큰 폭으로 증가하였다는 것을 의미한다.
> ① 그래프 1에서 장애인구의 수가 증가하거나 감소할 때 총인구 대비 장애인구의 비율은 증가하거나 감소하였으며, 적어도 전년과 동일하게 유지되었다.
> ② 장애인구의 증가율은 $(2,511,051 - 2,490,406) \div 2,490,406 \times 100 =$약 0.8%인데 반해 총인구 대비 장애인구의 비율은 0.1%p에 그치고 있다. 따라서 총인구 증가율이 장애인구 증가율보다 더 크다는 것을 알 수 있다.
> ③ 2016, 2017, 2018, 2020년도는 중증장애인 수가 전년보다 적으면서 장애인구 대비 중증장애인구의 비율도 감소하였다.

11 다음은 건강보험공단에서 신규로 등록한 장애인 보장용구인 A제품에 대한 사용자들의 응답을 토대로 평점을 기록한 표이다. 다음 중 A제품의 평균 평점으로 올바른 것은?

평점 구분	응답자 수
20점 미만	12명
20점 ~ 40점 미만	15명
40점 ~ 60점 미만	28명
60점 ~ 80점 미만	36명
80점 ~ 100점 미만	14명
100점	25명
합계	130명

① 약 63.5점

② 약 65.3점

③ 약 66.4점

④ 약 67.2점

✔ 해설 각 구간의 정확한 변량이 제시되지 않은 문제는 구간의 평균값인 '계급값'을 구간의 점수로 하여 계산한다. 따라서 다음과 같이 계산하여 평균을 구할 수 있다.

$10 \times 12 + 30 \times 15 + 50 \times 28 + 70 \times 36 + 90 \times 14 + 100 \times 25 = 8,250$

$8,250 \div 130 =$ 약 63.5점이 된다.

상용 5인 이상 사업체 근로자의 시간당 실질급여액은 ㉠ 2011년 11,172원에서부터 꾸준히 인상되어 2021년 16,709원에 이르렀다. 남성과 여성의 시간당 임금액에는 상당한 차이가 있는데, 2011년의 경우 ㉡ 여성의 임금액은 남성의 60.6%에서 2021년에는 64.6%로 격차가 다소 줄어들었다. 사업체규모별·근로형태별로 나눠보면, 정규직의 임금은 사업체 규모를 따라서 뚜렷하게 높아지는 것으로 나타났고, 비정규직의 경우는 300인 미만인 경우 사업장 규모에 따른 큰 차이를 보이지 않는다. ㉢ 모든 규모의 사업장에서 비정규직은 정규직보다 평균적으로 낮은 임금을 받는 것으로 나타났으며, ㉣ 정규직과 비정규직 간의 임금격차는 사업장 규모가 커짐에 따라 점차 감소하는 것으로 나타났다. 이를 세분화된 근로형태별로 살펴보면, 2021년 현재 비정규직의 시간당 임금은 12,076원으로 정규직 18,212원의 66.3%를 받는다. 특히 파견/용역근로자, 한시적 근로자의 임금이 더욱 낮은 것으로 나타났다.

〈성별 상용 5인 이상 사업체 시간당 임금액〉

(단위 : 원)

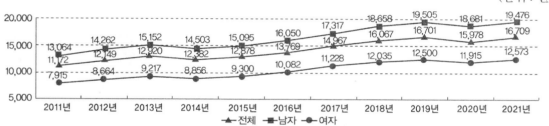

〈사업체규모별·고용형태별 시간당 임금액〉

(단위 : 원)

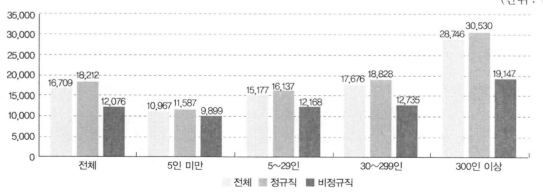

Answer   11.①

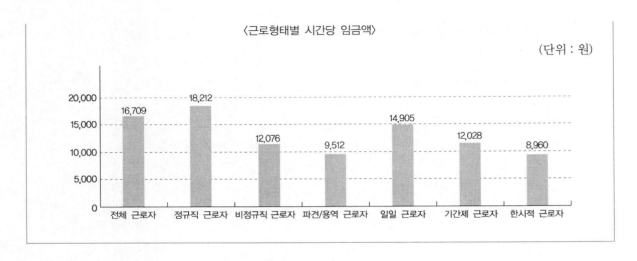

〈근로형태별 시간당 임금액〉

(단위 : 원)

전체 근로자: 16,709
정규직 근로자: 18,212
비정규직 근로자: 12,076
파견/용역 근로자: 9,512
일일 근로자: 14,905
기간제 근로자: 12,028
한시적 근로자: 8,960

12 위의 자료를 분석한 밑줄 친 ㉠ ~ ㉣ 중, 자료의 내용에 부합하지 않는 것은?

① ㉠   ② ㉡

③ ㉢   ④ ㉣

✔해설 정규직과 비정규직 간의 임금격차는 사업장 규모가 커짐에 따라 더욱 커진다. 5인 미만의 사업체의 경우 1,688원인 임금격차가 5 ~ 29인 사업체에서는 3,969원으로, 30 ~ 299인 사업체에서는 6,093원으로, 300인 이상 사업체에서는 11,383원으로 점차 커지고 있음을 확인할 수 있다.

13 다음 중 전체 근로자에 대한 정규직 근로자와 비정규직 근로자의 시간당 임금액 배율을 올바르게 짝지은 것은? (단, 반올림하여 소수 둘째 자리로 표시한다)

① 1.02배, 0.84배   ② 1.09배, 0.72배

③ 1.15배, 0.65배   ④ 1.33배, 0.52배

✔해설 전체 근로자의 시간당 임금은 16,709원이며, 정규직 근로자와 비정규직 근로자의 시간당 임금액은 각각 18,212원과 12,076원이므로 다음과 같이 계산할 수 있다.
정규직 근로자 : 18,212 ÷ 16,709 = 1.09배
비정규직 근로자 : 12,076 ÷ 16,709 = 0.72배

14 경아와 어머니가 마신 주스의 양은 각각 $\frac{3}{4}$ L, 0.6L이고, 아버지가 마신 주스의 양은 $1\frac{2}{5}$ L이다. 경아와 어머니가 마신 주스의 합과 아버지가 마신 주스 중 누가 마신 주스의 양이 얼마나 더 많은가?

① 아버지가 마신 주스가 경아와 어머니가 마신 주스의 합보다 $\frac{1}{20}$ L 더 많다.

② 아버지가 마신 주스가 경아와 어머니가 마신 주스의 합보다 $\frac{1}{10}$ L 더 많다.

③ 경아와 어머니가 마신 주스의 합이 아버지가 마신 주스보다 $\frac{1}{20}$ L 더 많다.

④ 경아와 어머니가 마신 주스의 합이 아버지가 마신 주스보다 $\frac{1}{10}$ L 더 많다.

> ✔해설 경아, 어머니, 아버지가 마신 주스의 양을 분수로 통분한다.
>
> 경아 : $\frac{3}{4} = \frac{15}{20}$ L, 어머니 : $0.6 = \frac{6}{10} = \frac{12}{20}$ L, 아버지 : $1\frac{2}{5} = \frac{7}{5} = \frac{28}{20}$ L
>
> 경아와 어머니가 마신 주스의 합 : $\frac{15}{20} + \frac{12}{20} = \frac{27}{20}$ L
>
> 따라서 아버지가 마신 주스가 경아와 어머니가 마신 주스의 합보다 $\frac{1}{20}$ L 더 많다.

15 영희는 3회의 수학 시험에서 각각 82점, 91점, 95점을 받았다. 다음 시험에서 몇 점 이상을 받아야 4회에 걸친 평균 성적이 90점 이상이 되겠는가?

① 91점   ② 92점
③ 93점   ④ 94점

> ✔해설 다음 시험에서 영희가 받아야 할 수학 점수를 x 라 하면
>
> $\frac{82+91+95+x}{4} \geq 90 \Rightarrow 82+91+95+x \geq 360$
>
> $\therefore x \geq 92$

16 길이가 30km인 강을 속력이 일정한 배를 타고 거슬러 올라가는 데 5시간, 내려오는데 3시간이 걸렸다. 정지한 물에서의 배의 속력은?

① 시속 5km ② 시속 6km

③ 시속 7km ④ 시속 8km

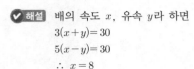 배의 속도 x, 유속 y라 하면

$3(x+y)=30$

$5(x-y)=30$

$\therefore \ x=8$

17 기영이는 등교할 때 버스나 지하철을 이용한다. 어느 날 기영이가 버스를 탔다면 그 다음날 버스를 탈 확률은 $\frac{2}{3}$ 이고, 지하철을 탔다면 그 다음 날 버스를 탈 확률은 $\frac{1}{2}$ 이다. 기영이가 이번 주 월요일에 버스로 등교하였다면 이번 주 수요일에 지하철로 등교할 확률은?

① $\frac{2}{9}$ ② $\frac{4}{9}$

③ $\frac{7}{18}$ ④ $\frac{11}{18}$

✔해설 월요일에 버스로 등교하고 수요일에 지하철로 등교하는 경우는 두 가지이다.

㉠ 월요일에 버스, 화요일에 버스, 수요일에 지하철 : $\frac{2}{3} \times \frac{1}{3} = \frac{2}{9}$

㉡ 월요일에 버스, 화요일에 지하철, 수요일에 지하철 : $\frac{1}{3} \times \frac{1}{2} = \frac{1}{6}$

㉠＋㉡＝$\frac{2}{9} + \frac{1}{6} = \frac{7}{18}$

18 현재 아버지의 나이와 아들의 나이의 합은 50세이고, 12년 후에는 아버지가 아들의 나이의 3배보다 10세가 적다고 한다. 현재 아들의 나이는?

① 8세

② 9세

③ 10세

④ 11세

✔해설 아버지의 나이를 x, 아들의 나이를 y라 하면
$x+y=50 \cdots \bigcirc$
$12+x=3(12+y)-10 \cdots \bigcirc\bigcirc$
$\bigcirc$과 $\bigcirc\bigcirc$을 연립하여 풀면
$12+x=3(12+y)-10$
$12+x=36+3y-10$
$12+x=36+3(50-x)-10$
$12+x=36+150-3x-10$
$4x=164$
$\therefore x=41, y=9$
현재 아들의 나이는 9세이다.

19 5%의 소금물과 10%의 소금물을 섞어서 8%의 소금물 500g을 만들려고 한다. 이때 필요한 5%의 소금물 양은 얼마인가?

① 150g

② 180g

③ 200g

④ 220g

✔해설 5%의 소금물의 양을 x라 하면 10%의 소금물은 $500-x$가 된다.
섞기 전의 소금의 양은 섞은 후의 소금의 양과 같으므로
$$\frac{5}{100} \times x + \frac{10}{100} \times (500-x) = \frac{8}{100} \times 500$$
$\therefore x=200g$

┃20~21┃ 다음은 건강보험에 관한 예시자료이다. 다음을 보고 물음에 답하시오.

직장가입자 보수월액보험료

1. 개요
보수월액보험료는 가입자의 보수월액에 보험료율을 곱하여 보험료를 산정한 후, 경감률 등을 적용하여 가입자 단위로 부과

2. 보험료 산정방법
• 건강보험료＝보수월액×건강보험료율

　※ 보수월액은 동일사업장에서 당해연도에 지급받은 보수총액을 근무월수로 나눈 금액을 의미

• 장기요양보험료＝건강보험료×장기요양보험료율

3. 보험료율

적용기간	건강보험료율	장기요양보험료율
2020.1~2020.12	6.07%	6.55%
2021.1~	6.12%	6.55%

4. 보험료 부담비율

구분	계	가입자부담	사용자부담	국가부담
근로자	6.12%	3.06%	3.06%	−
공무원	6.12%	3.06%	−	3.06%
사립학교교원	6.12%	3.06%	1.836%(30%)	1.224(20%)

5. 건강보험료 경감 종류 및 경감률
• 국외근무자 경감 : 가입자 보험료의 50%(국내에 피부양자가 있는 경우)
• 섬·벽지 경감 : 가입자 보험료액의 50%
• 군인 경감 : 가입자 보험료액의 20%
• 휴직자 경감 : 가입자 보험료액의 50% (다만, 육아휴직자는 60%)
• 임의계속가입자 경감 : 가입자 보험료액의 50%
• 종류가 중복될 경우 최대 경감률은 50%임(육아휴직자는 60%)

6. 건강보험료 면제 사유
• 국외 체류(여행·업무 등으로 1월 이상 체류하고 국내 거주 피부양자가 없는 경우)
• 현역병 등으로 군 복무하는 경우
• 교도소 기타 이에 준하는 시설에 수용된 경우

7. 장기요양보험료 경감 사유 및 경감률

등록장애인(1~2급), 희귀난치성질환자(6종) : 30%

20 근로자인 甲씨의 보수월액은 2,000,000원이다. 甲씨가 부담해야 하는 건강보험료와 장기요양보험료를 합친 금액은 얼마인가? (단, 원단위는 절사한다)

① 62,200원
② 63,200원
③ 64,200원
④ 65,200원

 해설 근로자이기 때문에 가입자 보험료 부담비율은 3.06%이다.
ㄱ 건강보험료 : $2,000,000 \times 0.0306 = 61,200$
ㄴ 장기요양보험료 : $61,200 \times 0.0655 = 4,008$
∴ $61,200 + 4,000 = 65,200$

21 섬지역 직장가입자인 甲씨와 도시지역 직장가입자인 乙씨는 보수월액이 3,000,000원으로 동일하다. 甲씨는 乙씨보다 건강보험료를 얼마 경감 받을 수 있겠는가?

① 35,900원
② 40,900원
③ 45,900원
④ 50,900원

해설 ㄱ 乙씨 건강보험료 : $3,000,000 \times 0.0306 = 91,800$
ㄴ 甲씨 건강보험료 : $91,800 \times 0.5 = 45,900$
∴ $91,800 - 45,900 = 45,900$

▌22~24 ▌ 다음 표는 어느 도시 주민의 저축에 관한 자료이다. 이를 보고 물음에 답하시오.

〈표〉 저축 보유율과 보유규모의 연령대별 비교

(단위 : 만 원, %)

저축유형	연령대	평균저축액	보유율	보유자 평균저축액
수시 입출금식	20대	235.7	97.7	241.3
	30대	478.8	95.9	499.0
	40대	678.7	96.2	705.1
	50대	826.3	97.2	850.3
	60대 이상	818.3	98.0	835.0
적립식	20대	371.6	51.3	724.3
	30대	543.5	54.7	992.7
	40대	695.5	49.0	1,419.3
	50대	(㉠)	45.1	2,087.7
	60대 이상	252.2	33.5	751.8
저축성 보험	20대	434.7	65.8	660.7
	30대	1,078.2	84.3	1,279.5
	40대	1,598.6	82.8	1,930.9
	50대	1,340.1	77.7	1,724.1
	60대 이상	433.4	43.8	1,011.5
거치식	20대	405.5	26.1	1,554.5
	30대	1,103.9	31.1	3,547.1
	40대	1,546.3	35.7	4,326.0
	50대	2,592.1	42.1	6,154.9
	60대 이상	2,444.7	44.7	5,469.5
주식 · 채권 · 펀드	20대	30.1	4.9	610.9
	30대	199.4	11.7	1,708.8
	40대	400.7	13.2	3,305.5
	50대	466.6	(㉡)	2,442.7
	60대 이상	349.1	7.2	4,848.3

	20대	23.2	6.1	381.5
	30대	35.7	8.5	(㉢)
곗돈 불입	40대	41.4	11.6	356.1
	50대	51.8	9.6	541.8
	60대 이상	22.3	8.1	274.5

※ 평균저축액 $= \dfrac{\text{해당연령 총저축액}}{\text{해당연령 전체인구}}$

※ 보유율(%) $= \dfrac{\text{해당연령 저축보유자수}}{\text{해당연령 전체인구}} \times 100$

※ 보유자 평균저축액 $= \dfrac{\text{해당연령 총저축액}}{\text{해당연령 저축보유자수}}$

22 위의 표에 대한 설명으로 옳지 않은 것은?

① 적립식 저축의 보유율이 가장 높은 연령대는 저축성 보험 보유율도 가장 높다.

② 모든 저축유형에서 평균저축액이 가장 많은 연령대는 50대이다.

③ 20대에서 보유율이 가장 낮은 저축유형은 주식·채권·펀드이다.

④ 수시 입출금식 저축은 모든 연령대의 보유율이 90%를 넘는다.

✔해설 ② 저축성 보험에서는 40대의 평균저축액이 50대보다 많다.

Answer 22.②

23 위의 표에서 ⊙ ∼ ©를 구하는 식으로 바른 것을 모두 고르면?

$$⊙ = \frac{보유율(\%) \times 보유자\ 평균저축액}{100}$$

$$ⓛ = \frac{평균저축액}{보유자\ 평균저축액} \times 100$$

$$© = \frac{평균저축액}{보유율(\%)} \times 100$$

① ⊙   ② ⊙, ⓛ

③ ⓛ, ©   ④ ⊙, ⓛ, ©

✔해설 주어진 계산식을 활용하여 식을 만들어 보면 ⊙, ⓛ, © 모두 올바른 식이다.

24 위의 표에서 ©에 알맞은 수치는?

① 352.3   ② 408.7

③ 420.0   ④ 483.1

✔해설 $\frac{35.7}{8.5} \times 100 = 420$

25 다음은 전년 동분기 대비 시 · 도별 서비스업 생산 및 소매 판매 증감률을 비교한 예시그래프이다. 다음 그래프에 대한 올바른 설명을 〈보기〉에서 모두 고른 것은?

(단위 : %)

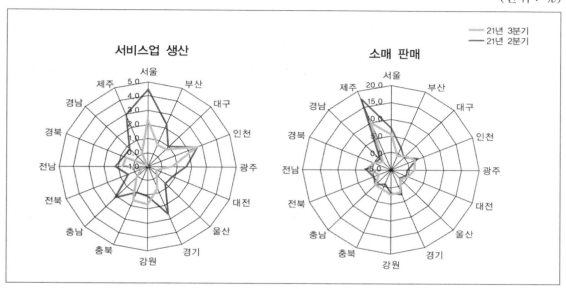

〈보기〉

㉮ 서비스업 생산의 21년 2분기 증감률이 2%를 넘는 지역은 모두 2곳이다.

㉯ 21년 2분기 증감률과 21년 3분기 증감률의 차이가 서비스업 생산과 소매 판매에서 모두 가장 큰 곳은 제주이다.

㉰ 21년 2분기 소매 판매의 증감률이 5%를 넘는 지역은 제주가 유일하다.

㉱ 경남, 제주, 서울, 부산은 21년 2분기에 비해 21년 3분기에 서비스업 생산과 소매 판매에서 모두 증감률이 더 낮아진 지역이다.

① ㉮, ㉰   ② ㉯, ㉱

③ ㉰, ㉱   ④ ㉯, ㉰

해설 ㉮ 제주, 서울, 부산, 충남, 경기, 인천 6곳이 2%를 넘고 있다. (X)
㉯ 제주는 서비스업 생산에서 약 3%p의 증감률 차이를 보이고 있으며, 소매 판매에서도 5%p 이상의 차이를 보이고 있어 가장 큰 증감률 차이를 보이는 곳이다. (O)
㉰ 제주와 서울 2곳이다. (X)
㉱ 두 그래프에서 이들 지역의 21년 3분기의 수치는 21년 2분기의 수치보다 방사형 그래프의 안쪽에 위치하므로 증감률이 더 낮아진 지역이 된다. (O)

26 다음은 연도별 1인 가구의 변동 추이를 나타낸 예시자료이다. 다음 자료를 바탕으로 한 올바른 설명이 아닌 것은?

〈가구원 수별 가구〉

(단위 : 천 가구, %)

	일반가구	1인	비율	2인	3인	4인 이상
2008	15,887	3,171	20.0	3,521	3,325	5,871
2013	17,339	4,142	23.9	4,205	3,696	5,296
2018	19,111	5,203	27.2	4,994	4,101	4,813
2019	19,368	5,398	27.9	5,067	4,152	4,751
2020	19,524	5,562	28.5	5,261	4,173	4,528
2021	19,752	5,739	29.1	5,411	4,212	4,389

〈1인 가구〉

(단위 : 천 가구, %)

	총 1인 가구	여성	구성비	남성	구성비
2008	3,171	1,753	55.3	1,418	44.7
2013	4,142	2,218	53.5	1,924	46.5
2018	5,203	2,610	50.2	2,593	49.8
2019	5,398	2,722	50.4	2,676	49.6
2020	5,562	2,766	49.7	2,797	50.3
2021	5,739	2,843	49.5	2,896	50.5

① 1인 가구의 남녀 비중은 2020년부터 남성이 더 많아지기 시작하였다.

② 가구원 수가 1인인 가구의 비중이 가장 큰 것은 2018년부터 계속 나타나는 현상이다.

③ 2021년에는 2인~4인의 가구원 수를 가진 여성 가구의 수가 전년보다 소폭 감소하였다.

④ 2021년 1인 여성 가구 수가 전체 일반가구 수에서 차지하는 비중은 15%에 미치지 못 한다.

2021년의 가구 중 2인~4인의 가구원 수를 가진 가구를 성별로 구분할 자료는 제시되어 있지 않으므로, 1인 여성 가구 이외의 여성 가구 수의 증감을 판단할 수는 없다.

① 2020년 이전까지는 여성이 줄곧 50%를 상회하였으나 2020년부터 남성이 50%를 넘고 있다.

② 2018년 이후 줄곧 가구원 수가 1인인 가구가 다른 가구원 수를 가진 가구보다 가장 큰 수치를 보이고 있음을 알 수 있다.

④ 2,843÷19,752×100=14.4%로 15%에 미치지 못 한다.

27 다음은 11개 전통건축물의 공포양식과 주요 구조물의 치수에 대한 조사 자료이다. 이에 대한 설명 중 옳은 것은?

(단위 : 척)

명칭	현 소재지	공포양식	기둥 지름	처마서까래 지름	부연	
					폭	높이
숭례문	서울	다포	1.80	0.60	0.40	0.50
관덕정	제주	익공	1.50	0.50	0.25	0.30
봉정사 화엄강당	경북	주심포	1.50	0.55	0.40	0.50
문묘 대성전	서울	다포	1.75	0.55	0.35	0.45
창덕궁 인정전	서울	다포	2.00	0.70	0.40	0.60
남원 광한루	전북	익공	1.40	0.60	0.55	0.55
화엄사 각황전	전남	다포	1.82	0.70	0.50	0.60
창의문	서울	익공	1.40	0.50	0.30	0.40
장곡사 상대웅전	충남	주심포	1.60	0.60	0.40	0.60
무량사 극락전	충남	다포	2.20	0.80	0.35	0.50
덕수궁 중화전	서울	다포	1.70	0.70	0.40	0.50

① 서울에 있는 건축물은 모두 다포식으로 지어졌다.

② 11개 건축물의 최대 기둥 지름은 2.00척이다.

③ 11개 건축물의 부연은 높이가 폭보다 크다.

④ 각 건축물의 기둥지름 대비 처마서까래지름 비율은 0.50을 넘지 않는다.

① 창의문은 익공식으로 지어졌다.

② 11개 건축물의 기둥 지름이 가장 큰 건축물은 무량사 극락전으로 2.20척이다.

③ 남원 광한루는 부연의 높이와 폭이 같다.

|28~29| 다음은 철수의 3월 생활비 40만 원의 항목별 비율을 나타낸 자료이다. 물음에 답하시오.

구분	학원비	식비	교통비	기타
비율(%)	35	15	35	15

28 식비 및 교통비의 지출 비율이 아래 표와 같을 때 다음 설명 중 가장 적절한 것은 무엇인가?

〈표1〉 식비 지출 비율

항목	채소	과일	육류	어류	기타
비율(%)	30	20	25	15	10

〈표2〉 교통비 지출 비율

교통수단	버스	지하철	자가용	택시	기타
비율(%)	50	25	15	5	5

① 식비에서 채소 구입에 사용한 금액은 교통비에서 자가용 이용에 사용한 금액보다 크다.

② 교통비에서 지하철을 타는데 지출한 비용은 식비에서 육류를 구입하는데 지출한 비용의 약 2.3배에 달한다.

③ 철수의 3월 생활비 중 교통비에 지출된 금액은 총 12만 5천 원이다.

④ 교통비에서 자가용을 타는데 지출한 금액은 식비에서 과일과 어류를 구입하는데 지출한 비용보다 크다.

✅**해설** 각각의 금액을 구해보면 다음과 같다.

철수의 3월 생활비 40만 원의 항목별 비율과 금액

구분	학원비	식비	교통비	기타
비율(%)	35	15	35	15
금액(만 원)	14	6	14	6

〈표1〉 식비 지출 비율과 금액

항목	채소	과일	육류	어류	기타
비율(%)	30	20	25	15	10
금액(만 원)	1.8	1.2	1.5	0.9	0.6

〈표2〉 교통비 지출 비율과 금액

교통수단	버스	지하철	자가용	택시	기타
비율(%)	50	25	15	5	5
금액(만 원)	7	3.5	2.1	0.7	0.7

① 식비에서 채소 구입에 사용한 금액 : 1만 8천 원

　 교통비에서 자가용 이용에 사용한 금액 : 2만 1천 원

② 교통비에서 지하철을 타는데 지출한 비용 : 3만 5천 원

　 식비에서 육류를 구입하는데 지출한 비용 : 1만 5천 원

③ 철수의 3월 생활비 중 교통비 : 14만 원

④ 교통비에서 자가용을 타는데 지출한 금액 : 2만 1천 원

　 식비에서 과일과 어류를 구입하는데 지출한 비용 : 1만 2천 원+9천 원=2만 1천 원

29 철수의 2월 생활비가 35만 원이었고 각 항목별 생활비의 비율이 3월과 같았다면 3월에 지출한 교통비는 2월에 비해 얼마나 증가하였는가?

① 17,500원

② 19,000원

③ 20,500원

④ 22,000원

✔해설 2월 생활비 35만 원의 항목별 금액은 다음과 같다.

구분	학원비	식비	교통비	기타
비율(%)	35	15	35	15
금액(만 원)	12.25	5.25	12.25	5.25

따라서 3월에 교통비가 14만 원이므로 2월에 비해 17,500원 증가하였다.

30 다음 글과 〈설립위치 선정 기준〉을 근거로 판단할 때, A사가 서비스센터를 설립하는 방식과 위치로 옳은 것은?

- 휴대폰 제조사 A는 B국에 고객서비스를 제공하기 위해 1개의 서비스센터 설립을 추진하려고 한다.
- 설립방식에는 (가) 방식과 (나) 방식이 있다.
- A사는 {(고객만족도 효과의 현재가치) - (비용의 현재가치)}의 값이 큰 방식을 선택한다.
- 비용에는 규제비용과 로열티비용이 있다.

구분		(가) 방식	(나) 방식
고객만족도 효과의 현재가치		5억 원	4.5억 원
비용의 현재가치	규제비용	3억 원 (설립 당해 년도만 발생)	없음
	로열티 비용	없음	- 3년간 로열티비용을 지불함 - 로열티비용의 현재가치 환산액 : 설립 당해 년도는 2억 원, 그 다음 해부터는 직전년 도 로열티비용의 1/2씩 감액한 금액

※ 고객만족도 효과의 현재가치는 설립 당해년도를 기준으로 산정된 결과이다.

〈설립위치 선정 기준〉
- 설립위치로 B국의 甲, 乙, 丙3곳을 검토 중이며, 각 위치의 특성은 다음과 같다.

위치	유동인구(만 명)	20~30대 비율(%)	교통혼잡성
甲	80	75	3
乙	100	50	1
丙	75	60	2

- A사는 {(유동인구) × (20~30대 비율) / (교통혼잡성)} 값이 큰 곳을 선정한다. 다만 A사는 제품의 특성을 고려하여 20~30대 비율이 50% 이하인 지역은 선정대상에서 제외한다.

	설립방식	설립위치
①	(가)	甲
②	(가)	丙
③	(나)	甲
④	(나)	乙

✔해설 ㉠ 설립방식 : {(고객만족도 효과의 현재가치) − (비용의 현재가치)}의 값이 큰 방식 선택
- ㈎ 방식 : 5억 원 − 3억 원 = 2억 원→ 선택
- ㈏ 방식 : 4.5억 원 − (2억 원 + 1억 원 + 0.5억 원) = 1억 원
㉡ 설립위치 : {(유동인구) × (20~30대 비율) / (교통혼잡성)} 값이 큰 곳 선정(20~30대 비율이 50% 이하인 지역은 선정대상에서 제외)
- 甲 : 80 × 75 / 3 = 2,000
- 乙 : 20~30대 비율이 50%이므로 선정대상에서 제외
- 丙 : 75 × 60 / 2 = 2,250→ 선택

31 다이어트 중인 영희는 품목별 가격과 칼로리, 오늘의 행사 제품 여부에 따라 물건을 구입하려고 한다. 예산이 10,000원이라고 할 때, 칼로리의 합이 가장 높은 조합은?

〈품목별 가격과 칼로리〉

품목	피자	돈가스	도넛	콜라	아이스크림
가격(원/개)	2,500	4,000	1,000	500	2,000
칼로리(kcal/개)	600	650	250	150	350

〈오늘의 행사〉

행사 1 : 피자 두 개 한 묶음을 사면 콜라 한 캔이 덤으로!
행사 2 : 돈가스 두 개 한 묶음을 사면 돈가스 하나가 덤으로!
행사 3 : 아이스크림 두 개 한 묶음을 사면 아이스크림 하나가 덤으로!
단, 행사는 품목당 한 묶음까지만 적용됩니다.

① 피자 2개, 아이스크림 2개, 도넛 1개

② 돈가스 2개, 피자 1개, 콜라 1개

③ 아이스크림 2개, 도넛 6개

④ 돈가스 2개, 도넛 2개

✔해설 ① 피자 2개, 아이스크림 2개, 도넛 1개를 살 경우, 행사 적용에 의해 피자 2개, 아이스크림 3개, 도넛 1개, 콜라 1개를 사는 효과가 있다.
따라서 총 칼로리는 (600 × 2) + (350 × 3) + 250 + 150 = 2,650kcal이다.
② 돈가스 2개(8,000원), 피자 1개(2,500원), 콜라 1개(500원)의 조합은 예산 10,000원을 초과한다.
③ 아이스크림 2개, 도넛 6개를 살 경우, 행사 적용에 의해 아이스크림 3개, 도넛 6개를 구입하는 효과가 있다. 따라서 총 칼로리는 (350 × 3) + (250 × 6) = 2,550kcal이다.
④ 돈가스 2개, 도넛 2개를 살 경우, 행사 적용에 의해 돈가스 3개, 도넛 2개를 구입하는 효과가 있다.
따라서 총 칼로리는 (650 × 3) + (250 × 2) = 2,450kcal이다.

Answer 30.② 31.①

▌32~33▌ 다음은 2024년 A, B 지역의 기후예시자료이다. 물음에 답하시오.

지역	기후요소	겨울 1월	2월	봄 3월	4월	5월	여름 6월	7월	8월	가을 9월	10월	11월	겨울 12월	연간 합계
A	평균기온 (℃)	-0.2	1.8	6.8	12.9	17.5	21.6	25.2	25.6	20.8	14.6	8.0	1.8	–
	최고기온 (℃)	6.6	8.7	13.7	20.1	24.5	27.4	29.8	30.6	26.8	22.2	15.3	9.3	–
	최저기온 (℃)	-6.0	-4.4	0.3	5.7	10.7	16.6	21.4	21.5	15.8	8.2	1.8	-4.0	–
	강수량 (mm)	22	30	54	105	104	201	242	230	136	50	43	17	1,234
	강수일수 (일)	3	4	5	7	7	9	11	10	7	4	4	2	73
B	평균기온 (℃)	1.6	3.2	7.4	13.1	17.6	21.1	25.0	25.7	21.2	15.9	9.6	4.0	–
	최고기온 (℃)	7.0	8.5	12.7	18.7	23.2	25.7	28.9	29.8	25.8	21.6	15.5	9.9	–
	최저기온 (℃)	-2.7	-1.3	2.7	7.7	12.3	17.1	21.7	22.3	17.4	11.0	4.8	-0.7	–
	강수량 (mm)	38	42	72	108	101	185	195	233	166	61	51	24	1,276
	강수일수 (일)	4	5	6	8	9	10	12	11	8	5	4	3	85

32 A 지역의 계절별 강수량 분포로 틀린 것은? (소수 둘째 자리에서 반올림)

① 봄 − 21.3%

② 여름 − 50.4%

③ 가을 − 18.6%

④ 겨울 − 5.6%

✔해설 A 지역의 여름 강수량 분포는 $\dfrac{201+242+230}{1,234} \times 100 = 54.5\%$이다.

33 B 지역의 월별 최고기온과 최저기온의 차이가 가장 작은 달은 몇 월인가?

① 3월

② 5월

③ 7월

④ 9월

✔해설 B 지역의 월별 최고기온과 최저기온의 차이가 가장 작은 달은 7월로, 28.9℃ − 21.7℃ = 7.2℃ 차이가 난다.
① 3월 : 12.7 − 2.7 = 10℃
② 5월 : 23.2 − 12.3 = 10.9℃
④ 9월 : 25.8 − 17.4 = 8.4℃

34 4차 산업혁명 관련 기술을 개발 또는 활용하고 있는 기업에 대한 다음 자료를 올바르게 해석한 설명은 어느 것인가?

〈표1〉 (단위 : 개, %)

	기업 수	산업 대분류											
		농림어업	광업제조업	제조업	전기가스업	건설업	도소매업	운수·창고업	숙박음식업	정보통신업	부동산업	기타서비스업	금융보험업
조사대상 기업 수	12,579	26	6,119	6,106	59	543	1,401	715	323	1,047	246	1,773	327
구성비	100.0	0.2	48.6	48.5	0.5	4.3	11.1	5.7	2.6	8.3	2.0	14.1	2.6
4차 산업 기술 개발·활용 기업 수	1,014	–	408	408	9	28	94	22	19	265	3	114	52
구성비	100.0	–	40.2	40.2	0.9	2.8	9.3	2.2	1.9	26.1	0.3	11.2	5.1

〈표2〉 (단위 : 개, %)

4차 산업 기술 개발·활용 기업 수	계	분야(복수응답)								
		사물인터넷	클라우드	빅데이터	모바일(5G)	인공지능	블록체인	3D프린팅	로봇공학	가상증강현실
1,014	1,993	288	332	346	438	174	95	119	96	105
	100.0	14.5	16.7	17.4	22.0	8.7	4.8	6.0	4.8	5.3

※ 단, 계산 값은 소수점 둘째 자리에서 반올림한다.

① 조사대상 기업체 중 4차 산업 기술을 활용하는 기업의 비중은 금융보험업이 전기가스업보다 더 높다.

② 전체 조사대상 기업 중 4차 산업 기술을 활용하는 기업의 수는 1,993개이다.

③ 가장 많이 활용되고 있는 3가지 4차 산업 기술은 5G 모바일, 빅데이터, 사물인터넷이다.

④ 조사대상 기업체 중 4차 산업 기술 활용 비중이 가장 낮은 업종은 운수·창고업이다.

✔ 해설 금융보험업의 경우는 $52 \div 327 \times 100 = 15.9\%$이며, 전기가스업은 $9 \div 59 \times 100 = 15.3\%$이다.
② 1,014개로 제시되어 있으며, 1,993개와의 차이는 복수응답에 의한 차이이다.
③ 5G 모바일, 빅데이터, 클라우드이다.
④ 부동산업이 $3 \div 246 \times 100 = 1.2\%$로 가장 낮은 비중을 보이며, 운수·창고업은 $22 \div 715 \times 100 = 3.1\%$이다.

35 다음 자료를 올바르게 판단한 의견을 〈보기〉에서 모두 고른 것은 어느 것인가?

종사자 규모별	사업체 수				종사자 수				
	2020년	2021년	증감률	기여율	2020년	2021년	증감률	기여율
합계	3,950,192 (100.0)	4,020,477 (100.0)	1.8	100.0	21,259,243 (100.0)	21,591,398 (100.0)	1.6	100.0
1~4인	3,173,203 (80.3)	3,224,683 (80.2)	1.6 (-0.1)	73.2	5,705,551 (26.8)	5,834,290 (27.0)	2.3 (0.2)	38.8
5~99인	758,333 (19.2)	776,922 (19.3)	2.5 (0.1)	26.4	10,211,699 (48.0)	10,281,826 (47.6)	0.7 (-0.4)	21.1
100~299인	14,710 (0.4)	14,846 (0.4)	0.9 (0.0)	0.2	2,292,599 (10.8)	2,318,203 (10.7)	1.1 (-0.1)	7.7
300인 이상	3,946 (0.1)	4,026 (0.1)	2.0 (0.0)	0.1	3,049,394 (14.3)	3,157,079 (14.6)	3.5 (0.3)	32.4

〈보기〉

㈎ "종사자 규모 변동에 따른 사업체 수와 종사자 수의 증감 내역이 연도별로 다르네."
㈏ "기여율은 '구성비'와 같은 개념의 수치로군."
㈐ "사업체 1개당 평균 종사자 수는 사업체 규모가 커질수록 더 많네."
㈑ "2020년보다 종사자 수가 더 적어진 사업체는 없군."

① ㈐, ㈑   ② ㈎, ㈐
③ ㈏, ㈑   ④ ㈎, ㈏, ㈐

 해설 ㈎ 종사자 규모 변동에 따른 사업체 수의 증감은 두 해 모두 규모가 커질수록 적어지는 동일한 추이를
보이고 있으며, 종사자 수 역시 사업체의 규모가 커짐에 따라 증가→감소→증가의 동일한 패턴을 보
이고 있음을 알 수 있다. (X)
㈏ 구성비는 해당 수치를 전체 수치로 나누어 백분율로 나타낸 값을 의미하는데 주어진 기여율은 그러
한 백분율 산식에 의한 수치와 다르다. 기여율은 '해당 항목의 전년대비 증감분÷전체 수치의 전년
대비 증감분×100'의 산식에 의해 계산된 수치이다. (X)
㈐ 종사자 수를 사업체 수로 나누어 보면 두 해 모두 종사자 규모가 큰 사업체일수록 평균 종사자 수가
커지는 것을 확인할 수 있다. (O)
㈑ 모든 규모의 사업체에서 전년보다 종사자 수가 더 많아졌음을 확인할 수 있다. (O)

36 다음은 산업화로 인해 우리나라의 많은 인구가 지방에서 도시로 유입된 이유와 관련하여 도시와 농촌의 한 해 평균 수입 및 일자리 수와 지난 30년간 국민들의 최종학력 변화를 나타낸 표이다. 표에 대한 설명으로 가장 옳지 않은 것은?

도시와 농촌의 한 해 평균 수입 및 일자리 수

구분	농촌	도시
한 해 벌어들이는 평균 수입	약 1,500~2,000만 원	3,000~4,000만 원
한 해 평균 생기는 일자리 수	약 2천~3천 개	20만~30만 개

지난 30년간 국민들의 최종학력 변화

구분	1980년	1990년	2000년	2010년
초졸	55%	5%	–	–
중졸	25%	15%	5%	–
고졸	15%	30%	20%	10%
대졸	5%	50%	75%	90%

① 국민 대다수가 고등교육을 받고 있는 현상 또한 농촌 인구의 도시유입의 원인 중 하나라 할 수 있다.

② 현대 사회는 기술이 나날이 발전하는 사회이므로 농업 산업의 붕괴는 큰 위협이 되지 않는다.

③ 농촌을 다시 살리기 위해서는 혁신적인 농업 기술의 보급과 다양한 농업 정책 및 귀농, 귀촌 자들에 대한 혜택이 마련되어야 한다.

④ 새로운 품종 개량과 각 지역별로 특화된 농산품을 개발한다면 농업 산업의 붕괴를 막는 데 도움이 될 수 있을 것이다.

> **✔해설** 비록 현대 사회가 기술, 정보 산업 사회라 할지라도 농업 산업이 붕괴된다면 한 국가의 근간이 무너지는 만큼 우리나라에 큰 위협이 될 것이다.

37 다음은 다문화 가정 자녀의 취학 현황에 대한 조사표의 예시이다. 이 표에 대한 바른 해석으로 가장 적절한 것은?

(단위 : 명, %)

연도	다문화 가정의 취학 학생 수			전체 취학 학생 대비 비율
	국제 결혼 가정	외국인 근로자 가정	계	
2017	7,998	836	8,834	0.11
2018	13,445	1,209	14,654	0.19
2019	18,778	1,402	20,180	0.26
2020	24,745	1,270	26,015	0.35
2021	30,040	1,748	31,788	0.44

> ㉠ 2017년보다 2021년의 전체 취학 학생 수가 더 적다.
> ㉡ 다문화 가정 자녀의 교육에 대한 지원 필요성이 증가했을 것이다.
> ㉢ 2020년에 비해 2021년에 다문화 가정의 취학 학생 수는 0.09% 증가하였다.
> ㉣ 다문화 가정의 자녀 취학에서 외국인 근로자 가정의 자녀 취학이 차지하는 비중은 지속적으로 증가하였다.

① ㉠, ㉡ 　　　　　　　　　　② ㉠, ㉢

③ ㉡, ㉢ 　　　　　　　　　　④ ㉡, ㉣

✔해설　㉢ 다문화 가정의 취학 학생 수가 26,015명에서 31,788명으로 약 22.2%가 증가하였다.
　　　　㉣ 2020년까지 그 비중이 전년도에 비해 감소하였다.

|38~39| 다음 자료는 최근 3년간의 행정구역별 출생자 수를 나타낸 예시표이다. 물음에 답하시오.

(단위 : 명)

구분	2019년	2020년	2021년
서울특별시	513	648	673
부산광역시	436	486	517
대구광역시	215	254	261
울산광역시	468	502	536
인천광역시	362	430	477
대전광역시	196	231	258
광주광역시	250	236	219
제주특별자치시	359	357	361
세종특별자치시	269	308	330

38 주어진 표에 대한 설명으로 알맞은 것은?

① 2021년 대구광역시 출생자수와 2021년 제주지역의 출생자 수의 합은 서울특별시의 2021년 출생자 수보다 많다.

② 대전광역시와 광주광역시의 2019년 출생자의 합은 2019년 울산광역시의 출생자 수와 같다.

③ 2021년 대전광역시 출생자 수와 2021년 광주광역시 출생자 수의 합은 2021년 인천광역시 출생자 수와 같다.

④ 2020년 부산광역시 출생자 수는 2020년 대전광역시 출생자 수의 2배보다 적다.

 해설
① 261+361=622
② 196+250=446
③ 258+219=477
④ 231×2=462

39 다음 중 2019년부터 2021년까지 출생자가 가장 많이 증가한 행정구역은?

① 부산   ② 울산

③ 대전   ④ 세종

> ✔ 해설 ① 부산 : 517－436＝81
> ② 울산 : 536－468＝68
> ③ 대전 : 258－196＝62
> ④ 세종 : 330－269＝61

40 다음은 1,000명을 대상으로 실시한 미래의 에너지원(원자력, 석탄, 석유) 각각의 수요 예측에 대한 여론조사를 실시한 자료이다. 이 자료를 통해 볼 때, 미래의 에너지 수요에 대한 이론을 옳게 설명한 것은?

수요 예상 정도	미래의 에너지원(단위 : %)		
	원자력	석탄	석유
많이	50	43	27
적게	42	49	68
잘 모름	8	8	5

① 앞으로 석유를 많이 사용해야 한다.

② 앞으로 석탄을 많이 사용해야 한다.

③ 앞으로 원자력을 많이 사용해야 한다.

④ 앞으로 원자력, 석유, 석탄을 모두 많이 사용해야 한다.

> ✔ 해설 ① 석유를 많이 사용 할 것이라는 사람보다 적게 사용 할 것이라는 사람의 수가 더 많다.
> ② 석탄을 많이 사용 할 것이라는 사람보다 적게 사용 할 것이라는 사람의 수가 더 많다.
> ④ 원자력을 많이 사용 할 것이라는 사람이 많고 석유, 석탄은 적게 사용 할 것이라는 사람이 많다.

다음 상황과 자료를 보고 물음에 답하시오.

발신인	(주)바디버디 권○○ 대리
수신인	갑, 을, 병, 정
내용	안녕하세요! (주)바디버디 권○○ 대리입니다. 올해 상반기 업계 매출 1위 달성을 기념하여 현재 특별 프로모션이 진행되고 있습니다. 이번 기회가 기업용 안마의자를 합리적인 가격으로 구입하실 수 있는 가장 좋은 시기라고 여겨집니다. 아래에 첨부한 설명서와 견적서를 꼼꼼히 살펴보시고 궁금한 사항에 대해서 언제든 문의하시기 바랍니다.
첨부파일	구매 관련 설명서 #1, #2, 견적서 #3, #4, #5

구매 관련 설명서 #1

구분	리스	현금구입(할부)
기기명의	리스회사	구입자
실 운영자	리스이용자(임대인)	구입자
중도 해약	가능	–
부가가치세	면세 거래	–
기간 만료	반납/매입/재 리스	–

구매 관련 설명서 #2

– 절세 효과 : 개인 사업자 및 법인 사업자는 매년 소득에 대한 세금을 납부합니다. 이때, 신고, 소득에 대한 과세대상금액에서 리스료(리스회사에 매월 불입하는 불입금)전액을 임차료 성격으로서 제외시킬 수 있습니다. (법인세법상 리스료의 비용인정 – 법인세법 제18조에 의거 사업용 자산에 대한 임차료로 보아 필요경비로 인정함.)

적용세율(주민세 포함)			
법인 사업자		개인 사업자	
과세표준구간	적용세율	과세표준구간	적용세율
2억 이하	11.2%	1,200만 원 이하	8.8%
2억 초과	22.4%	1,200만 원 초과~4,600만 원 이하	18.7%
		4,600만 원 초과~8,800만 원 이하	28.6%
		8,800만 원 초과	38.5%

– 법인 사업자 절세 예시

예를 들어, ○○법인의 작년 매출액이 5억 원이고 비용이 2억8천만 원이라면 ○○법인은 수익 2억2천만 원을 과세표준으로 계산시 2,688만 원의 법인세가 부가됩니다.

> 과세표준 : 2억 이하⇒2억 원×11.2%=2,240만 원
> 과세표준 : 2억 초과⇒2천만 원×22.4%=448만 원
> 법인세 총액=2,688만 원

만약 ○○법인이 안마의자 리스를 이용하고 1년간 납부한 총 임대료가 2천만 원이었다면, 수익은 2억 원(⇒2억2천만 원-2천만 원)이 되고, 비용은 3억 원(2억8천만 원+2천만 원)이 됩니다.

이에 따라 수익 2억 원을 과세표준으로 하면 법인세 2,240만 원만 부과되어 448만 원(2,688만 원-2,240만 원=448만 원)의 절세효과를 얻으실 수 있습니다.

이를 통상 리스 약정기간인 3년으로 설정하는 경우 448만 원×3년=1,344만 원의 절세 효과를 얻으실 수 있습니다.

물론 리스 이용료가 크면 클수록 절세효과는 더욱 더 크게 누리실 수 있습니다.

견적서 #3

안마의자	모델명	Body Buddy Royal-7			
	선택사양	STMC-5400		색상	

가격/원가 구성

가격사항	기본가격	25,000,000	리스종류(기간)	운용리스(39개월)		
	프로모션	3,000,000	등록명의	리스사		
	탁송료		약정	39개월		
	안마의자 가격(리스 이용금액)	22,000,000	만기처리	반납/구매/재 리스		
초기부담금		2,500,000	월 납입금(리스료)	39회	690,000	
메모	리스 이용 프로모션 3,000,000 리스 이용시 연이율 8% 적용 설치일로부터 18개월 미만 해지시 위약금 – 남은 약정금액의 20% 설치일로부터 18개월 이후 해지시 위약금 – 남은 약정금액의 10%					

견적서 #4

안마의자	모델명	Body Buddy Royal-7		
	선택사양	STMC-5400	색상	

가격/원가 구성

		기본가격	25,000,000	할부 기간		39개월
가격 사항		프로모션	2,400,000	등록명의		개인
		탁송료				
		안마의자 가격(할부 이용금액)	22,600,000			
	초기부담금		2,500,000	월 납입금(할부금)	39회	590,000
메모	할부 이용 프로모션 2,400,000 할부 이용시 연이율 3% 적용, 선수금 10% 오를 시 할부 연이율 0.5%p 하락					

견적서 #5

안마의자	모델명	Body Buddy Royal-7		
	선택사양	STMC-5400	색상	

가격/원가 구성

	기본가격	25,000,000
가격사항	프로모션	1,800,000
	탁송료	
	안마의자 가격	23,200,000
메모	일시불 프로모션 1,800,000	

41 개인이 할부로 안마의자를 구입하는 경우 275만 원의 초기비용을 지불하면 연이율은 몇 %가 적용되는가?

① 2.5%

② 3.0%

③ 3.5%

④ 4.0%

> 할부 이용시 연이율은 3%가 적용되지만, 선수금이 10% 오르는 경우 0.5%p 하락하므로 초기비용으로 275만 원을 지불하면 연이율은 2.5%가 적용된다.

42 법인사업자가 안마의자를 리스로 이용하다가 20개월이 된 시점에서 약정을 해지한다면 위약금은 얼마인가?

① 1,291,000원

② 1,301,000원

③ 1,311,000원

④ 1,321,000원

> 설치일로부터 18개월 이후 해지시 위약금은 남은 약정금액의 10%이므로
> (690,000원×19회)×0.1=1,311,000원

43 다음은 어느 TV 제조업체의 최근 5개월 동안 컬러 TV 판매량을 나타낸 것이다. 6월의 컬러 TV 판매량을 단순이동평균법, 가중이동평균법, 단순지수평활법을 이용하여 예측한 값을 각각 ㉠, ㉡, ㉢이라고 할 때, 그 크기를 비교한 것으로 옳은 것은? (단, 이동평균법에서 주기는 4개월, 단순지수평활법에서 평활상수는 0.4를 각각 적용한다)

(단위 : 천 대)

	1월	2월	3월	4월	5월	6월
판매량	10	14	9	13	15	
가중치	0.0	0.1	0.2	0.3	0.4	

① ㉠>㉡>㉢

② ㉡>㉠>㉢

③ ㉠>㉢>㉡

④ ㉡>㉢>㉠

> ㉠ 단순이동평균법 $=\dfrac{14+9+13+15}{4}=12.75$대
>
> ㉡ 가중이동평균법 $=15×0.4+13×0.3+9×0.2+14×0.1=13.1$ 대
>
> ㉢ 지수평활법을 이용하기 위해서는 세 개의 자료가 필요하다. 전월의 예측치, 전월의 실제치, 지수평활계수 이를 식으로 나타내면 당기 예측치=전기 예측치+지수평활계수 (전기 실제치−전기 예측치) 그런데 이 문제에서는 5월의 예측치가 없으므로 문제가 성립될 수 없다. 그러나 이러한 경우에는 단순이동평균치를 예측치로 사용한다. 4월까지의 단순이동평균치는 11.50이다. 지수평활법=0.4×15+0.6×11.50=12.90대이므로 따라서 ㉡>㉢>㉠이 된다.

44 다음은 주식회사 서원각의 20xx년 대차대조표의 예시이다. 재고자산의 구성비율을 그래프로 표현하라는 상사의 지시에 따라 표현할 때 가장 적합한 형태는 무엇인가?

대차대조표		
제39기 20xx년 12월 31일 현재		
과목	제39(당)기	
자산		
1. 유동자산		479,278
(1) 당좌자산		362,153
(2) 재고자산		117,124
1) 상품	10,763	
2) 제품	40,656	
3) 반제품	23,247	
4) 원재료	42,458	
2. 비유동자산		350,762
자산 총계		830,040
부채		
1. 유동부채		135,736
2. 비유동부채		13,188
부채 총계		148,924
자본		
1. 자본금		200,000
2. 자본잉여금		62,523
3. 이익잉여금		418,593
자본총계		681,116
부채 및 자본 총계		830,040

① 막대형 그래프
② 혼합형 그래프
③ 방사형 그래프
④ 원형 그래프

✔해설 원그래프는 전체에 대한 각 부분의 비율을 원 모양으로 나타낸 그래프로서 부분과 전체, 부분과 부분의 비율을 한 눈에 알 수 있고, 낮은 비율도 비교적 쉽게 표현할 수 있기 때문에 구성비율을 파악하기가 용이하다.
① 경쟁사별/분기별 판매량, 실적 비교, 직원 현황 등의 파악 등 여러 종류의 데이터를 비교하는 데 용이하다.
② 여러 가지의 차트를 2개 정도를 혼합하여 만드는 것으로 두 개 이상의 데이터 계열을 갖는 차트에서 특정 데이터 계열을 강조하고자 할 경우에 사용한다.
③ 고객 인지도나 특성의 차이 등 여러 가지 특징을 나타내기에 용이하다.

Answer 41.① 42.③ 43.④ 44.④

45 다음은 우리나라의 시·군 중 경지 면적, 논 면적, 밭 면적 상위 5개 시·군에 관한 표이다. 이에 대한 설명으로 옳지 않은 것은?

(단위 : ha)

구분	순위	시·군	면적
경지 면적	1	해남군	35,369
	2	제주시	31,585
	3	서귀포시	31,271
	4	김제시	28,501
	5	서산시	27,285
논 면적	1	김제시	23,415
	2	해남군	23,042
	3	서산시	21,730
	4	당진시	21,726
	5	익산시	19,067
밭 면적	1	제주시	31,577
	2	서귀포시	31,246
	3	안동시	13,231
	4	해남군	12,327
	5	상주시	11,047

※ 경지면적 = 논 면적＋밭 면적
※ 순위는 면적이 큰 시·군부터 순서대로 부여함

① 해남군의 경지 면적은 상주시의 밭 면적의 3배 이상이다.

② 김제시는 해남군보다 밭 면적은 작지만 논 면적은 크다.

③ 해남군은 세 부분에서 모두 5위 안에 들었다.

④ 제주시 논 면적은 서귀포시 논 면적보다 크다.

✅ 해설 제주시 논 면적 : 31,585−31,577＝8
서귀포시 논 면적 : 31,271−31,246＝25
따라서 제주시 논 면적은 서귀포시 논 면적보다 작다.

46 K공단은 직원들의 창의력을 증진시키기 위하여 '창의 테마파크'를 운영하고자 한다. 다음의 프로그램들을 대상으로 전문가와 사원들이 평가를 실시하여 가장 높은 점수를 받은 프로그램을 최종 선정하여 운영한다고 할 때, '창의 테마파크'에서 운영할 프로그램은?

분야	프로그램명	전문가 점수	사원 점수
미술	내 손으로 가꾸는 집	26	32
인문	세상을 바꾼 생각들	31	18
무용	스스로 창작	37	25
인문	역사랑 놀자	36	28
음악	연주하는 사무실	34	34
연극	연출노트	32	30
미술	예술캠프	40	25

※ 전문가와 사원은 후보로 선정된 프로그램을 각각 40점 만점제로 우선 평가하였다.

※ 전문가 점수와 사원 점수의 반영 비율을 3:2로 적용하여 합산한 후, 하나밖에 없는 분야에 속한 프로그램에는 취득점수의 30%를 가산점으로 부여한다.

① 연주하는 사무실 ② 스스로 창작
③ 연출노트 ④ 예술캠프

✔해설 각각의 프로그램이 받을 점수를 계산하면 다음과 같다.

분야	프로그램명	점수
미술	내 손으로 가꾸는 집	$\{(26 \times 3) + (32 \times 2)\} = 142$
인문	세상을 바꾼 생각들	$\{(31 \times 3) + (18 \times 2)\} = 129$
무용	스스로 창작	$\{(37 \times 3) + (25 \times 2)\} +$ 가산점 30% $= 209.3$
인문	역사랑 놀자	$\{(36 \times 3) + (28 \times 2)\} = 164$
음악	연주하는 사무실	$\{(34 \times 3) + (34 \times 2)\} +$ 가산점 30% $= 221$
연극	연출노트	$\{(32 \times 3) + (30 \times 2)\} +$ 가산점 30% $= 202.8$
미술	예술캠프	$\{(40 \times 3) + (25 \times 2)\} = 170$

따라서 가장 높은 점수를 받은 연주하는 사무실이 최종 선정된다.

47 다음은 조선시대 한양의 조사시기별 가구수 및 인구수와 가구 구성비에 대한 자료이다. 이에 대한 설명 중 옳은 것만을 모두 고르면?

〈조사시기별 가구수 및 인구수〉

(단위 : 호, 명)

조사시기	가구수	인구수
1729년	1,480	11,790
1765년	7,210	57,330
1804년	8,670	68,930
1867년	27,360	144,140

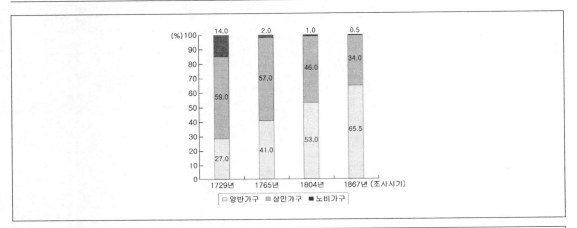

⊙ 1804년 대비 1867년의 가구당 인구수는 증가하였다.
ⓒ 1765년 상민가구 수는 1804년 양반가구 수보다 적다.
ⓒ 노비가구 수는 1804년이 1765년보다는 적고 1867년보다는 많다.
㉣ 1729년 대비 1765년에 상민가구 구성비는 감소하였고 상민가구 수는 증가하였다.

① ㉠, ㉡   ② ㉠, ㉢

③ ㉡, ㉣   ④ ㉠, ㉢, ㉣

 ㉠ 1804년 가구당 인구수는 $\frac{68,930}{8,670}$ = 약 7.95이고, 1867년 가구당 인구수는 $\frac{144,140}{27,360}$ = 약 5.26이므로 1804년 대비 1867년의 가구당 인구수는 감소하였다.

㉡ 1765년 상민가구 수는 7,210 × 0.57=4109.7이고, 1804년 양반가구 수는 8,670 × 0.53=4595.1로, 1765년 상민가구 수는 1804년 양반가구 수보다 적다.

㉢ 1804년의 노비가구 수는 8,670 × 0.01=86.7로 1765년의 노비가구 수인 7,210 × 0.02=144.2보다 적고, 1867년의 노비가구 수인 27,360 × 0.005=136.8보다도 적다.

㉣ 1729년 대비 1765년에 상민가구 구성비는 59.0%에서 57.0%로 감소하였고, 상민가구 수는 1,480 × 0.59 = 873.2에서 7,210 × 0.57=4109.7로 증가하였다.

48 다음은 2015~2021년 동안 흡연율 및 금연계획률에 관한 예시자료이다. 이에 대한 설명으로 옳은 것은?

〈성별 흡연율〉

성별 \ 연도	2015	2016	2017	2018	2019	2020	2021
남성	45.0	47.7	46.9	48.3	47.3	43.7	42.1
여성	5.3	7.4	7.1	6.3	6.8	7.9	6.1
전체	20.6	23.5	23.7	24.6	25.2	24.9	24.1

〈소득수준별 남성 흡연율〉

소득 \ 연도	2015	2016	2017	2018	2019	2020	2021
최상	38.9	39.9	38.7	43.5	44.1	40.8	36.6
상	44.9	46.4	46.4	45.8	44.9	38.6	41.3
중	45.2	49.6	50.9	48.3	46.6	45.4	43.1
하	50.9	55.3	51.2	54.2	53.9	48.2	47.5

〈금연계획율〉

구분 \ 연도	2015	2016	2017	2018	2019	2020	2021
금연계획률	59.8	56.9	( )	( )	56.3	55.2	56.5
단기	19.4	( )	18.2	20.8	20.2	19.6	19.3
장기	40.4	39.2	39.2	32.7	( )	35.6	37.2

※ 흡연율(%) = $\dfrac{흡연자\ 수}{인구\ 수} \times 100$

※ 금연계획률(%) = $\dfrac{금연계획자\ 수}{흡연자\ 수} \times 100$ = 단기 금연계획률 + 장기 금연계획률

① 매년 남성 흡연율은 여성 흡연율의 6배 이상이다.
② 매년 소득수준이 높을수록 남성 흡연율은 낮다.
③ 2016~2018년 동안 매년 금연계획률은 전년대비 감소한다.
④ 2019년의 장기 금연계획률은 2016년의 단기 금연계획률의 두 배 이상이다.

✔해설 ④ 2019년의 장기 금연계획률은 36.1로 2016년의 단기 금연계획률인 17.7의 두 배 이상이다.
① 2020년의 남성 흡연율은 43.7이고 여성 흡연율은 7.9로 6배 이하이다.
② 2020년 소득수준이 최상인 남성 흡연율이 상인 남성 흡연율보다 높다.
③ 2017년의 금연계획률은 57.4, 2018년의 금연계획률은 53.5로 2017년은 전년대비 증가하였고, 2018년은 전년대비 감소하였다.

Answer 47.③ 48.④

49 다음은 사원 6명의 A~E항목 평가 자료의 일부이다. 이에 대한 설명 중 옳은 것은?

(단위 : 점)

사원＼과목	A	B	C	D	E	평균
김영희	( )	14	13	15	( )	( )
이민수	12	14	( )	10	14	13.0
박수민	10	12	9	( )	18	11.8
최은경	14	14	( )	17	( )	( )
정철민	( )	20	19	17	19	18.6
신상욱	10	( )	16	( )	16	( )
계	80	( )	( )	84	( )	( )
평균	( )	14.5	14.5	( )	( )	( )

※ 항목별 평가 점수 범위는 0~20점이고, 모든 항목 평가에서 누락자는 없음.
※ 사원의 성취수준은 5개 항목 평가 점수의 산술평균으로 결정함.
 −평가 점수 평균이 18점 이상 20점 이하 : 수월수준
 −평가 점수 평균이 15점 이상 18점 미만 : 우수수준
 −평가 점수 평균이 12점 이상 15점 미만 : 보통수준
 −평가 점수 평균이 12점 미만 : 기초수준

① 김영희 사원의 성취수준은 E항목 평가 점수가 17점 이상이면 '우수수준'이 될 수 있다.
② 최은경 사원의 성취수준은 E항목 시험 점수에 따라 '기초수준'이 될 수 있다.
③ 신상욱 사원의 평가 점수는 B항목은 13점, D항목은 15점으로 성취수준은 '우수수준'이다.
④ 이민수 사원의 C항목 평가 점수는 정철민 사원의 A항목 평가 점수보다 높다.

✔ 해설 빈칸 중 추론이 가능한 부분을 채우면 다음과 같다.

과목 / 사원	A	B	C	D	E	평균
김영희	(16)	14	13	15	( )	( )
이민수	12	14	(15)	10	14	13.0
박수민	10	12	9	(10)	18	11.8
최은경	14	14	(15)	17	( )	( )
정철민	(18)	20	19	17	19	18.6
신상욱	10	(13)	16	(15)	16	(14)
계	80	(87)	(87)	84	( )	( )
평균	($\frac{80}{6}$)	14.5	14.5	(14)	( )	( )

① 김영희 사원의 성취수준은 E항목 평가 점수가 17점 이상이면 평균이 15점 이상으로 '우수수준'이 될 수 있다.

② 최은경 사원의 성취수준은 E항목 시험 점수가 0점이라고 해도 평균 12점으로 '보통수준'이다. 따라서 '기초수준'이 될 수 없다.

③ 신상욱 사원의 평가 점수는 B항목은 13점, D항목은 15점, 평균 14점으로 성취수준은 '보통수준'이다.

④ 이민수 사원의 C항목 평가 점수는 15점으로, 정철민 사원의 A항목 평가 점수는 18점보다 낮다.

50 다음은 A 공사의 연도별 임직원 현황에 관한 자료이다. 이에 대한 설명 중 옳은 것을 모두 고르면?

구분	연도	2019	2020	2021
국적	한국	9,566	10,197	9,070
	중국	2,636	3,748	4,853
	일본	1,615	2,353	2,749
	대만	1,333	1,585	2,032
	기타	97	115	153
	계	15,247	17,998	18,857
고용형태	정규직	14,173	16,007	17,341
	비정규직	1,074	1,991	1,516
	계	15,247	17,998	18,857
연령	20대 이하	8,914	8,933	10,947
	30대	5,181	7,113	6,210
	40대 이상	1,152	1,952	1,700
	계	15,247	17,998	18,857
직급	사원	12,365	14,800	15,504
	간부	2,801	3,109	3,255
	임원	81	89	98
	계	15,247	17,998	18,857

ㄱ 매년 일본, 대만 및 기타 국적 임직원 수의 합은 중국 국적 임직원 수보다 많다.
ㄴ 매년 전체 임직원 중 20대 이하 임직원이 차지하는 비중은 50% 이상이다.
ㄷ 2020년과 2021년에 전년대비 임직원수가 가장 많이 증가한 국정은 모두 중국이다.
ㄹ 2020년에 국적이 한국이면서 고용형태가 정규직이고 직급이 사원인 임직원은 5,000명 이상이다.

① ㄱ, ㄴ

② ㄱ, ㄷ

③ ㄴ, ㄹ

④ ㄱ, ㄷ, ㄹ

✔해설 ㄴ 2020년은 전체 임직원 중 20대 이하 임직원이 차지하는 비중이 50% 이하이다.

51 다음은 H무역협회에서 발표한 한국의 지역별 수출증가율 추이를 나타낸 예시그래프이다. 아래 그래프를 분석한 내용으로 가장 적절한 것은?

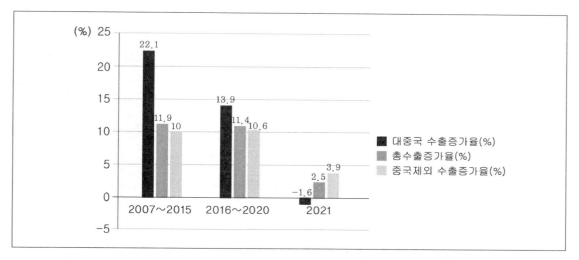

① 2007년부터 2021년까지의 수출증가율을 조사한 결과 한국이 가장 많이 거래해 온 국가는 중국이다.

② 최근 對중국 수출증가율이 다른 지역 수출증가율보다 낮아졌지만 한국의 총수출증가율을 하락시키는 요인이라고 보기는 어렵다.

③ 對중국 수출이 부진한 것은 중국의 경제성장률 하락과 교역구조 변화에 따른 對한국 수입 수요 감소 때문이다.

④ 과거에는 한국의 총수출을 견인하던 중국이 최근에는 오히려 한국 총수출의 발목을 잡고 있다.

✔해설 ① 제시된 그래프는 해당 기간에 지역별 수출증가율을 보여 줄 뿐이다. 가장 많이 거래해 온 국가는 알 수는 없다.

② 2007~2015년에 비해 2016~2020년 중국제외 수출증가율이 증가하였음에도 불구하고 총수출증가율이 떨어진 것은 對중국 수출증가율이 큰 폭으로 낮아졌기 때문이라고 볼 수 있다.

③ 對중국 수출이 부진한 이유에 대해서는 제시된 그래프만으로는 알 수 없다.

52 다음은 차량 A, B, C의 연료 및 경제속도 연비, 연료별 리터당 가격에 대한 자료이다. 제시된 〈조건〉을 적용하였을 때, 두 번째로 높은 연료비가 소요되는 차량과 해당 차량의 연료비를 바르게 나열한 것은?

〈A, B, C 차량의 연료 및 경제속도 연비〉

차량 \ 구분	연료	경제속도 연비(km/L)
A	LPG	10
B	휘발유	16
C	경유	20

※ 차량 경제속도는 60km/h 이상 90km/h 미만임

〈연료별 리터당 가격〉

연료	LPG	휘발유	경유
리터당 가격(원/L)	1,000	2,000	1,600

〈조건〉

1. A, B, C 차량은 모두 아래와 같이 각 구간을 한 번씩 주행하고, 각 구간별 주행속도 범위 내에서만 주행한다.

구간	1구간	2구간	3구간
주행거리(km)	100	40	60
주행속도(km/h)	30 이상 60 미만	60 이상 90 미만	90 이상 120 미만

2. A, B, C 차량의 주행속도별 연비적용률은 다음과 같다.

차량	주행속도(km/h)	연비적용률(%)
A	30 이상 60 미만	50.0
	60 이상 90 미만	100.0
	90 이상 120 미만	80.0
B	30 이상 60 미만	62.5
	60 이상 90 미만	100.0
	90 이상 120 미만	75.0
C	30 이상 60 미만	50.0
	60 이상 90 미만	100.0
	90 이상 120 미만	75.0

※ 연비적용률이란 경제속도 연비 대비 주행속도 연비를 백분율로 나타낸 것임

① A, 31,500원   ② B, 24,500원
③ B, 35,000원   ④ D, 25,600원

✔ 해설 주행속도에 따른 연비와 구간별 소요되는 연료량을 계산하면 다음과 같다.

차량	주행속도(km/h)	연비(km/L)	구간별 소요되는 연료량(L)		
A (LPG)	30 이상 60 미만	10 × 50.0% = 5	1구간	20	총 31.5
	60 이상 90 미만	10 × 100.0% = 10	2구간	4	
	90 이상 120 미만	10 × 80.0% = 8	3구간	7.5	
B (휘발유)	30 이상 60 미만	16 × 62.5% = 10	1구간	10	총 17.5
	60 이상 90 미만	16 × 100.0% = 16	2구간	2.5	
	90 이상 120 미만	16 × 75.0% = 12	3구간	5	
C (경유)	30 이상 60 미만	20 × 50.0% = 10	1구간	10	총 16
	60 이상 90 미만	20 × 100.0% = 20	2구간	2	
	90 이상 120 미만	20 × 75.0% = 15	3구간	4	

따라서 조건에 따른 주행을 완료하는 데 소요되는 연료비는 A 차량은 31.5 × 1,000 = 31,500원, B 차량은 17.5 × 2,000 = 35,000원, C 차량은 16 × 1,600 = 25,600원으로, 두 번째로 높은 연료비가 소요되는 차량은 A며 31,500원의 연료비가 든다.

53 다음은 8개 기관의 장애인 고용 현황이다. 〈조건〉에 근거하여 A~D에 해당하는 기관을 바르게 나열한 것은?

〈기관별 장애인 고용 현황〉

(단위 : 명, %)

기관	전체 고용인원	장애인 고용의무인원	장애인 고용인원	장애인 고용률
남동청	4,013	121	58	1.45
A	2,818	85	30	1.06
B	22,323	670	301	1.35
북동청	92,385	2,772	1,422	1.54
C	22,509	676	361	1.60
D	19,927	598	332	1.67
남서청	53,401	1,603	947	1.77
북서청	19,989	600	357	1.79

※ 장애인 고용률(%) = $\dfrac{\text{장애인 고용인원}}{\text{전체 고용인원}} \times 100$

〈조건〉
• 동부청의 장애인 고용의무인원은 서부청보다 많고, 남부청보다 적다.
• 장애인 고용률은 서부청이 가장 낮다.
• 장애인 고용의무인원은 북부청이 남부청보다 적다.
• 동부청은 남동청보다 장애인 고용인원은 많으나, 장애인 고용률은 낮다.

	A	B	C	D
①	동부청	서부청	남부청	북부청
②	동부청	서부청	북부청	남부청
③	서부청	동부청	남부청	북부청
④	서부청	동부청	북부청	남부청

✔해설 두 번째 조건에서 장애인 고용률은 서부청이 가장 낮다고 하였으므로, A~D 중 장애인 고용률이 가장 낮은 A가 서부청이다.
네 번째 조건에 따라 남동청보다 장애인 고용인원은 많으나, 장애인 고용률은 낮은 B가 동부청이다.
첫 번째와 세 번째 조건에 따라 C가 남부청, D가 북부청이 된다.

54 다음은 어느 기업의 2020년과 2021년 자산총액의 항목별 구성비를 나타낸 예시자료이다. 이에 대한 설명 중 옳은 것을 모두 고르면?

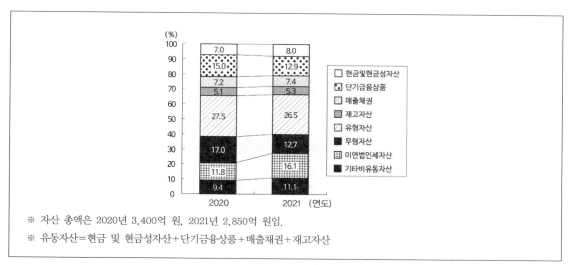

※ 자산 총액은 2020년 3,400억 원, 2021년 2,850억 원임.

※ 유동자산＝현금 및 현금성자산＋단기금융상품＋매출채권＋재고자산

㉠ 2020년 항목별 금액의 순위가 2021년과 동일한 항목은 4개이다.
㉡ 2020년 유동자산 중 '단기금융상품'의 구성비는 45% 미만이다.
㉢ '현금 및 현금성자산' 금액은 2021년이 2020년보다 크다.
㉣ 2020년 대비 2021년 '무형자산' 금액은 4.3% 감소하였다.

① ㉠, ㉡   ② ㉠, ㉢

③ ㉡, ㉢   ④ ㉡, ㉣

✔해설 ㉠ 2020년 항목별 금액의 순위가 2021년과 동일한 항목은 유형자산, 단기금융상품, 기타비유동자산, 재고자산으로 4개이다.

㉡ 2020년 유동자산에 속하는 현금 및 현금성자산, 단기금융상품, 매출채권, 재고자산 중 단기금융상품의 구성비는 $\dfrac{15.0}{7.0+15.0+7.2+5.1}=0.437\cdots$으로 45% 미만이다.

㉢ 2020년 현금 및 현금성자산 금액은 3,400억×0.07=238억이고, 2021년 현금 및 현금성자산 금액은 2,850억×0.08=228억으로 2020년이 더 크다.

㉣ 2020년과 2021년의 자산 총액이 서로 다르므로 제시된 구성비를 바탕으로 바로 계산해서는 안 된다. 2020년 무형자산 금액은 3,400억×0.17=578억, 2021년 무형자산 금액은 2,850×0.127=361.95억이므로 약 37% 감소하였다.

문제해결능력

1 은행, 식당, 편의점, 부동산, 커피 전문점, 통신사 6개의 상점이 아래에 제시된 조건을 모두 만족하며 위치할 때, 오른쪽에서 세 번째 상점은 어느 것인가?

> ⊙ 모든 상점은 옆으로 나란히 연이어 위치하고 있으며, 사이에 다른 상점은 없다.
> ⓒ 편의점과 식당과의 거리는 두 번째로 멀다.
> ⓒ 커피 전문점과 편의점 사이에는 한 개의 상점이 있다.
> ⓒ 왼쪽에서 두 번째 상점은 통신사이다.
> ⓜ 식당의 바로 오른쪽 상점은 부동산이다.

① 식당   ② 통신사
③ 은행   ④ 편의점

✔해설 ⓒ에 따라, 두 번째로 멀기 위해서는 편의점과 식당 중 하나가 맨 끝에 위치하고 다른 하나는 반대쪽의 끝에서 두 번째에 위치해야 한다는 것을 알 수 있다.
ⓒ을 통해서 왼쪽에서 두 번째에 편의점이나 식당이 위치할 수 없음을 알 수 있으므로 이 두 상점은 맨 왼쪽과 오른쪽에서 두 번째에 나뉘어 위치해야 한다.
ⓜ을 통해서 맨 왼쪽은 식당이 아닌 편의점의 위치임을 알 수 있다. 동시에 맨 오른쪽은 부동산, 그 옆은 식당이라는 것도 알 수 있다.
ⓒ을 통해서 커피 전문점이 왼쪽에서 세 번째 상점이라는 것을 알 수 있다.
따라서 이를 종합하면, 왼쪽부터 편의점, 통신사, 커피 전문점, 은행, 식당, 부동산의 순으로 상점들이 이어져 있으며 오른쪽에서 세 번째 상점은 은행이 된다.

2 기초대사량에 대한 다음 설명을 참고할 때, 제시된 두 남녀의 일일 칼로리 요구량이 순서대로 올바르게 나열된 것은? (단, 모든 계산은 반올림하여 소수 둘째 자리까지 표시한다)

> 기초 대사량은 성별, 나이, 체중, 개인의 신진 대사율이나 근육량 등 신체적인 요소에 따라 차이가 있지만, 일반적으로 남성은 체중 1kg당 1시간에 1kcal를 소모하고, 여성은 0.9kcal를 소모하는 것으로 알려졌다. 기초 대사량은 우리가 하루 소모하는 총 에너지의 60~70%를 차지할 정도로 중요하다. 체중 조절을 위해 무리하게 굶게 되면 우리 몸에서는 에너지가 부족하다는 것을 느끼게 되고 에너지가 고갈되지 않게 하려고 기초 대사량을 줄여나간다. 따라서 에너지 소모가 활발하게 이루어지지 않아, 장기적으로 보면 오히려 다이어트에 역효과를 주게 된다. 굶기보다는 꾸준한 운동을 통해 근육량을 증가시켜 기초 대사량을 높이는 것이 도움이 된다.
> 기초대사량 산출방법은 남녀 각각 다른데, 남자의 경우 66.47+(13.75×체중)+(5×키)-(6.76×나이)를 계산하면 된다. 여자의 경우 655.1+(9.56×체중)+(1.85×키)-(4.68×나이)를 계산하면 기초대사량이 나온다.
> 기초대사량을 구한 후에는 칼로리 지수를 곱하여 일일 칼로리 요구량을 계산할 수 있다. 거의 운동을 하지 않는 사람은 기초대사량에 1.2를 곱하면 일일 칼로리 요구량을 얻을 수 있다. 가벼운 운동을 하는 사람은 1.375를 곱해야 하고 적당한 운동을 하는 사람은 1.55를 곱한다. 심한 운동을 하는 사람은 1.725를 곱하고 아주 심한 운동을 하는 사람은 1.9를 곱한다.

> • 김길동(남, 48세): 체중 75kg, 신장 175cm, 운동선수로 매우 심한 운동을 함
> • 이갑순(여, 36세): 체중 52kg, 신장 165cm, 적당한 운동을 하는 일반인

① 1,997.93칼로리, 1,648.24칼로리
② 1,648.24칼로리, 1,288.99칼로리
③ 1,288.99칼로리, 1,648.24칼로리
④ 3,131.66칼로리, 1,997.93칼로리

✔**해설** 제시된 계산 방법을 활용하여 운동량에 따른 칼로리 지수를 곱하여 각각 다음과 같이 계산할 수 있다.
  • 김길동 : $66.47+(13.75×75)+(5×175)-(6.76×48)=1,648.24$
    → 일일 칼로리 요구량 : $1,648.24×1.9=3,131.66$칼로리
  • 이갑순 : $655.1+(9.56×52)+(1.85×165)-(4.68×36)=1,288.99$
    → 일일 칼로리 요구량 : $1,288.99×1.55=1,997.93$칼로리

3 다음은 T사의 휴직과 그에 따른 요건 등을 나타낸 규정이다. 〈보기〉와 같은 T사 직원들의 휴직 예정 내역 중 규정에 맞지 않는 사람을 모두 고른 것은? (단, 언급되지 않은 사항은 휴직 요건에 해당된다고 가정한다)

구분	청원휴직 (인력상황 등을 고려하여 임용권자가 휴직을 명함)					직권휴직	
	육아휴직	배우자 동반휴직	연수휴직	가사/간병 휴직	자기개발 휴직	질병휴직	군입대휴직
휴직기간	자녀 1명당 3년 내	3년 이내 (2년 연장 가능)	2년 이내	1년 이내 (재직 중 3년 내)	1년 (10년 재직 후 재휴직 가능)	1년 이내 (부득이한 경우 1년 연장 가능)	복무기간
요건	만 8세 이하 또는 초등학교 2학년 이하의 자녀 양육자	외국에서 근무, 유학 또는 연수하는 배우자 동반	기관장 지정 연구·교육 기관 등에서 연수	장기간 요양을 요하는 부모·배우자· 자녀, 배우자의 부모 간호	연구과제 수행, 교육기관 등 교육과정 수행, 개인주도 학습 등	신체, 정신상의 장애로 장기요양 을 요할 때	병역복무를 필하기 위해 징·소집 되었을 때
증빙서류	주민등록등본, 임신진단서	배우자 출국 사실 확인서, 출입국 증명서	–	가족관계 증명서, 간병 대상자 병원진단서	별도 서류	병원진단서	입영통지, 군복무 확인서

〈보기〉
- A씨 : 초등학교 1학년인 아들의 육아를 위해 1년간의 휴직을 준비하고 있다.
- B씨 : 남편의 해외 주재원 근무 발령에 따라 본사 복귀 시까지의 기간을 고려, 다른 휴직을 사용한 경험이 없으므로 4년의 휴직을 한 번에 사용할 계획이다.
- C씨 : 신체상의 문제로 인해 1년 6개월 전부터 질병휴직을 사용하고 있으며, 추가 1년의 요양이 필요하다는 병원진단서가 있음에도 6개월 후 우선 복직을 하여 다른 방법을 알아보려 한다.
- D씨 : 과거 노부모 간병을 위해 간헐적으로 2년 6개월간의 간병휴직을 사용한 적이 있으며, 지난 주 갑작스런 사고를 당한 배우자를 위해 병원진단서를 첨부하여 추가 1년의 간병휴직을 계획하고 있다.

① B씨, D씨

② A씨, B씨, D씨

③ C씨, D씨

④ B씨, C씨, D씨

✔해설 A씨 : 초등학교 2학년 이하의 자녀 양육이므로 육아휴직의 요건에 해당된다. (○)

B씨 : 배우자 동반 휴직에 해당되므로 3년 이내의 휴직이 허용되며, 4년을 원할 경우, 2년 연장을 하여야 한다. 최초 4년을 한 번에 사용할 수 없으며 다른 휴직 유무와는 관계없다. (×)

C씨 : 질병휴직을 1년 연장하여 2년간 사용하는 경우에 해당되므로 병원진단서와 관계없이 우선 2년 후 복직을 하여야 한다. (○)

D씨 : 간병휴직의 기간이 총 3년 6개월이 되어 재직 중 3년 이내라는 규정에 맞지 않게 된다. (×)

4 다음을 읽고, SWOT분석의 관점에서 H씨에게 해당되는 환경 요인을 올바르게 설명한 것은?

> 종합병원에서 유명한 의사로 근무하던 H씨는 환자와의 의료분쟁에 휘말려 결국 다니던 종합병원을 그만두고 개인 병원을 차리고자 한다. 치료 잘하기로 소문난 H씨였지만, 그는 모아 둔 재산이 많지 않았던 탓에 개인 병원을 차리기까지 예상보다 큰 자금 압박이 있을 것으로 예상하고 있다. 종합병원 근무 시에 친분이 있던 동료 의사들과 의료기기 장비 업체 사장이 많은 지원과 협조를 해 주어 장비와 인력 확보에는 큰 어려움이 없었으나, 종합병원과 달리 개인 병원에 대한 법적, 제도적 기준을 혼자의 힘으로 맞추기에는 역부족을 느낀다. 그나마 H씨가 개원하고자 하는 지역은 유동인구 대비 병원의 숫자가 매우 적어 수요가 많고, 해당 구청에서 부지 확보에 많은 도움을 주었고, 입주한 건물주인 역시 H씨에게 낮은 임대료와 장기계약을 통해 안정적인 영업을 할 수 있도록 지원을 해 준 덕에 다음 주 정식 개원을 앞두고 있다.

① 과거의 경험을 통한 주변 지인들의 도움은 H씨의 기회요인(O)에 해당된다.

② 개인 병원에 대한 제도적 기준의 어려움은 약점(W)에 해당된다.

③ 건물 주인의 좋은 계약조건은 기회요인(O)에 해당된다.

④ H씨가 개원하고자 하는 지역의 적은 병원 숫자는 기회요인(O)에 해당된다.

✔해설 유동인구가 많은 것에 비해 병원 숫자가 적어 수요가 많아지는 것은 H씨의 내부적인 환경 요인이 아닌 외적인 기회요인(O)에 해당된다.

① 내부적인 요인이므로 강점(S)에 해당된다.

② 외적인 요인이므로 위협요인(T)에 해당된다.

③ H씨에게만 해당되는 내용이므로 H씨의 내적인 강점(S)에 해당된다.

Answer 3.① 4.④

▎5~6▎ 다음은 W병원 신경외과의 진료 현황에 대한 안내이다. 다음 안내를 보고 이어지는 물음에 답하시오.

〈이번 달 담당의사별 진료 시간 안내〉

구분	신경외과							
	A과장		B과장		C과장		D과장	
	오전	오후	오전	오후	오전	오후	오전	오후
월요일	진료	수술	진료	수술	수술	진료	진료	수술
화요일	수술	진료	진료	수술	진료	수술	진료	수술
수요일	진료	수술	수술	진료	진료	수술	진료	수술
목요일	수술	진료	진료	수술	수술	진료	진료	수술
금요일	진료	수술	수술	진료	진료	수술	진료	수술
토요일	진료 또는 수술		진료		진료 또는 수술		수술	
토요일 휴무	넷째 주		둘째 주		첫째 주		셋째 주	

*토요일 진료시간 : 09 : 00 ~ 13 : 00
*평일 진료시간 : 09 : 00 ~ 12 : 30 / 14 : 00 ~ 18 : 00
*접수마감 시간 : 오전 12 : 00, 오후 17 : 30

〈기타 안내사항〉

• 이번 달 15일(수) ~ 18일(토)은 병원 내부 공사로 인해 외래진료 및 수술, 신규 환자 접수는 불가합니다.
• MRI 및 CT 촬영은 최소 3일 전 예약을 하셔야 합니다.
• 외래진료 시 MRI 등 영상 자료가 있어야 합니다(필요한 경우에 한함).
• 초진의 경우, 건강보험증을 지참하시고 원무과에서 접수를 하시기 바랍니다. 접수 후 진료실에서 진료를 마친 환자분께서는 다시 원무과로 오셔서 진료비를 수납 후 P창구에서 처방전을 받아 약을 받아 가시기 바랍니다. 예약 또는 재진하시는 환자분은 곧바로 진료실로 가셔서 진료 후 원무과에 수술 또는 영상 촬영 여부를 알려주시고 수술이신 경우 H창구에서 입원 수속을 하시고, 영상 촬영이 필요하신 분은 영상센터로 가시어 안내를 받으시기 바랍니다.

5 K씨는 평소 앓고 있던 허리 디스크를 고치기 위하여 '이번 달'에 수술을 하기로 결정하였다. W병원 신경외과의 A과장이나 C과장에게 꼭 수술을 받고자 하며, 가급적 오전에 수술하기를 원하는 K씨의 상황에 대한 다음 설명 중 올바른 것은?

① 20일에 MRI 촬영 예약을 하여 23일에 MRI 촬영 및 진료 후 다음 날인 24일에 수술을 하면 된다.

② 25일에 A과장에게 수술을 받을 수 있다.

③ 평일 중 원하는 시간에 수술을 받을 수 있는 요일은 월요일과 목요일뿐이다.

④ 수요일과 금요일에는 K씨가 원하는 시간에 수술을 받을 수 없다.

✔ **해설** 15일이 수요일이라 했으므로 '이번 달'의 달력을 그려 B과장과 C과장의 수술 일정(오전/오후)을 확인해 보면 다음과 같다.

일	월	화	수	목	금	토
			1 [오후] A, C	2 [오전] A, C	3 [오후] A, C	4 C과장 휴무
5	6 [오전] C [오후] A	7 [오전] A [오후] C	8 [오후] A, C	9 [오전] A, C	10 [오후] A, C	11
12	13 [오전] C [오후] A	14 [오전] A [오후] C	15 공사	16 공사	17 공사	18 공사
19	20 [오전] C [오후] A	21 [오전] A [오후] C	22 [오후] A, C	23 [오전] A, C	24 [오후] A, C	25 A과장 휴무
26	27 [오전] C [오후] A	28 [오전] A [오후] C	29 [오후] A, C	30 [오전] A, C	(31) [오후] A, C	

따라서 수요일과 금요일은 A과장과 C과장이 모두 오전 수술 일정이 없어 K씨가 원하는 시간에 수술을 받을 수 없는 요일이 된다.

① 24일은 금요일이므로 A과장이나 C과장의 오전 수술 일정이 없는 날이다.

② 25일은 넷째 주 토요일이므로 A과장 휴무일이다.

③ 화요일 오전에도 A과장에게 수술을 받을 수 있다.

6 다음 중 위의 안내문에 대한 올바른 설명이 아닌 것은?

① 일주일 전 예약을 하고 찾아 온 환자는 원무과를 거치지 않고 곧장 진료를 받으면 된다.

② 오전은 진료시간과 접수 가능 시간이 모두 오후보다 30분 더 짧다.

③ 처음 내원한 환자는 '원무과 → 진료실 → 원무과 → P창구 → 약국'의 동선으로 이동하게 된다.

④ 평일의 경우, D과장을 제외한 나머지 세 명은 모두 진료와 수술 일정이 오전과 오후에 고르게 분배되어 있다.

> **✔ 해설** 평일의 경우, D과장을 제외한 나머지 세 명은 모두 오전에 진료하는 날이 3일, 오후에 수술하는 날이 3일씩이므로 네 명 모두 오전에는 진료를, 오후에는 수술을 더 많이 하고 있음을 알 수 있다.
> ① 예약과 재진 환자의 경우 진료실을 곧바로 찾아가면 된다.
> ② 진료시간은 오전과 오후가 각각 3시간 30분, 4시간이며, 접수 가능 시간은 이보다 30분씩 짧은 것을 알 수 있다.
> ③ 안내 사항에 언급되어 있다.

7 다음은 연도별·연령별 산전진찰 초진시기 및 의료기관 방문 횟수에 대한 예시자료이다. 주어진 〈보기〉의 내용을 바탕으로, 빈 칸 ㉠~㉣에 들어갈 적절한 연령대를 순서대로 올바르게 나열한 것은?

(단위 : 주, 번)

모(母) 연령	2009년		2012년		2015년		2018년		2021년	
	초진 시기	방문 횟수	초진 시기	방문 횟수	초진 시기	방문 횟수	초진 시기	방문 횟수	초진 시기	방문 횟수
㉠	5.64	12.80	5.13	13.47	5.45	13.62	5.01	13.41	5.23	13.67
㉡	5.86	12.57	5.51	12.87	5.42	14.25	6.24	13.68	5.42	13.27
㉢	6.02	12.70	5.34	13.32	5.40	13.16	5.01	13.22	5.23	13.17
㉣	6.68	12.11	5.92	12.56	6.78	13.28	7.36	13.52	5.97	13.11

〈보기〉

a. 25 ~ 29세와 30 ~ 34세 연령대 임신부 초진시기의 연도별 변동 패턴(빨라지거나 늦어짐)은 동일하다.

b. 15 ~ 24세 임신부의 임신 기간 중 의료기관 방문 횟수가 연령별로 가장 적었던 해는 5개 비교년도 중 3번이다.

c. 35세 이상 연령대의 임신부와 30 ~ 34세 연령대의 임신부와의 2009년 대비 2012년의 의료기관 방문횟수 증감률의 차이는 약 2.5%p이다.

	㉠	㉡	㉢	㉣
①	35세 이상,	25 ~ 29세,	30 ~ 34세,	15 ~ 24세
②	25 ~ 29세,	35세 이상,	15 ~ 24세,	30 ~ 34세
③	25 ~ 29세,	35세 이상,	30 ~ 34세,	15 ~ 24세
④	25 ~ 29세,	30 ~ 34세,	35세 이상,	15 ~ 24세

✔ **해설** a. 연령대별 임신부 초진시기가 연도별로 빨라지거나 늦어지는 변동 패턴이 동일한 것은 ㉠과 ㉢이므로 둘 중 하나가 25 ~ 29세이며, 나머지 하나가 30 ~ 34세가 된다.

　　 b. 의료기관 방문 횟수가 연령별로 가장 적었던 해가 3번인 것은 ㉣의 2009, 2012, 2021년 밖에 없다. 따라서 ㉣이 15 ~ 24세가 된다.

　　 c. a와 b를 근거로 ㉡이 35세 이상 연령대가 됨을 알 수 있으며, ㉡과의 증감률 비교를 통해 ㉠과 ㉢을 구분할 수 있다. ㉠, ㉡, ㉢의 방문 횟수 증감률을 차례로 계산해 보면 다음과 같다.

　　　　 ㉠ $(13.47 - 12.8) \div 12.8 \times 100 =$ 약 5.2%

　　　　 ㉡ $(12.87 - 12.57) \div 12.57 \times 100 =$ 약 2.4%

　　　　 ㉢ $(13.32 - 12.7) \div 12.7 \times 100 =$ 약 4.9%

　　 따라서 ㉡과 ㉢이 2.5%p의 차이를 보이고 있으므로 ㉢이 30~34세 연령대의 임신부임을 알 수 있다.

Answer 6.④ 7.③

8 다음은 공단 홈페이지에 게재된 건강보험 피부양자 자격취득과 관련한 안내 사항이다. 안내 사항을 확인한 민원인과 공단 상담사와의 질의응답 내용으로 적절하지 않은 것은?

〈건강보험 피부양자 자격취득 안내〉

○ 신고의무자
  • 직장가입자는 사용자
  • 직장피부양자는 직장가입자

○ 신고기간
  • 자격취득일로부터 14일 이내. 단, 직장가입자의 자격취득신고 또는 변동신고를 한 후에 별도로 피부양자 자격취득·신고를 한 경우에는 변동일로부터 90일 이내 신고 시 피부양자로 될 수 있었던 날로 소급인정
    * 지역가입자가 피부양자로 자격전환 시 피부양자 취득일이 1일인 경우 피부양자 신고일이 속한 달부터 지역보험료가 부과되지 않으나 2일 이후 취득되는 경우 신고일이 속한 달까지는 지역보험료를 납부하셔야 합니다.

○ 피부양자 대상
  • 직장가입자에 의하여 주로 생계를 유지하는 자
  − 직장가입자의 배우자, 직계존속(배우자의 직계존속 포함), 직계비속(배우자의 직계비속 포함) 및 그 배우자, 형제·자매(배우자의 직계비속, 형제·자매는 미혼이어야 부양 인정이 되나 이혼·사별한 경우에는 미혼으로 간주함)
  − 부양요건에 충족하는 자
  − 재산과표가 5.4억 원 이하인 경우 인정, 또는 재산과표가 5.4억 원을 초과하면서 9억 원 이하인 경우는 연간소득 1천만 원 이하이면 인정
  − 형제·자매는 재산과표 1.8억 원 이하이면 인정(단, 65세 이상, 30세 미만, 장애인, 국가유공·보훈보상상이자만 인정)
  • 보수 또는 소득이 없는 자
    ☞ 외국인의 경우, 외국인 등록을 한 외국인 또는 국내거소신고를 한 재외국민이 건강보험적용사업장에 사용(임용, 채용)된 날을 자격취득일로 간주함.

Q : 안녕하세요? 어제부로 저희 형 직장에 피부양자로 등록된 사람인데요, 피부양자 신고는 제가 직접 해야만 되는 거지요?

A : ① 그렇지 않습니다. 형님께서 직장가입자시라면, 피부양자 신고 의무는 직장가입자 본인에게 있는 겁니다.

Q : 수고하십니다. 제가 직장가입자 신고는 되어 있는데요, 추가로 피부양자 신고를 할 건이 생겼거든요. 이걸 2달 동안 깜빡 잊고 못해서 지금 하려고 하는데요, 지금 하게 되면 신고 시점부터 피부양자로 적용되겠죠?

A : ② 그렇습니다. 14일이 경과했기 때문에 신고하시는 날로부터 추가된 피부양자로 적용되게 됩니다.

Q : 29세 여성입니다. 작년에 이혼해서 언니의 피부양자로 등록되어 있는 사람입니다. 재산내역도 5천만 원 미만이고, 지금은 언니에게 생계를 의존하고 있는데, 나이가 있어도 저 같은 경우는 피부양자 자격이 되나요?

A : ③ 네 그렇습니다. 직장가입자에게 생계를 의존하고 계시고 이혼을 하신 경우라면 미혼으로 간주되어 피부양자 자격이 되십니다.

Q : 지역가입자였다가 이번 달 3일부터 피부양자가 되었는데요, 이번 달부터 저는 피부양자가 되었으니 지역보험료가 청구되지는 않겠죠?

A : ④ 아닙니다. 고객님. 해당 월 1일까지 피부양자가 되셨으면 고객님 말씀이 맞지만, 2일 이후 피부양자가 되신 경우라면 이번 달까지는 지역보험료를 내셔야 해요.

✔해설 별도로 피부양자 자격취득·신고를 한 경우에는 변동일로부터 90일 이내에 신고를 하게 되면 피부양자로 될 수 있었던 날로 소급인정이 된다고 명시되어 있으므로, 2달이 경과한 시점이라도 2달 전의 시점으로 피부양자의 자격취득일이 소급되어 인정받을 수 있다.
① 직장피부양자인 경우에 해당하므로 신고의무는 직장가입자 본인에게 있다.
③ 30세 미만이며, 재산과표도 1.8억 원 이하이며, 언니에게 생계를 의존하고 있는 이혼한 사람이므로 피부양자 대상이 된다.
④ 지역가입자가 피부양자로 자격전환 시 피부양자 취득일이 1일인 경우 피부양자 신고일이 속한 달부터 지역보험료가 부과되지 않으나 2일 이후 취득되는 경우 신고일이 속한 달까지는 지역보험료를 납부해야 한다고 명시되어 있다.

Answer 8.②

9 다음 설명을 참고할 때, 〈보기〉와 같은 재산 내역을 가진 K씨의 건강보험료 및 노인장기요양보험료 합산액은 얼마인가? (단, 최종 원 단위 금액은 절삭한다)

지역가입자의 건강보험료 산정방법

1. 건강보험료

지역 세대의 가입자가 보유한 부과요소(소득, 재산, 자동차)별 합산한 부과점수에 점수 당 금액을 곱하여 산정하되, 연소득 100만 원을 기준으로 달리 적용한다.

- 연 소득 100만 원 이하 세대 건강보험료＝소득최저보험료(13,100원)＋[(재산(전월세 포함) 점수 ＋자동차 점수를 합산한 보험료 부과점수)×부과점수당 금액(183.3원)]
- 연 소득 100만 원 초과 세대 건강보험료＝부과요소별[소득＋재산(전월세 포함)＋자동차] 점수를 합산한 보험료 부과점수×부과점수 당 금액(183.3원)

−지역 건강보험료 하한금액과 상한금액

하한 보험료 : 13,100원

상한 보험료 : 3,096,570원

2. 노인장기요양보험료 : 건강보험료의 7.38%

3. 보험료 부과요소별 점수 산정표(일부 구간 예시)

1) 소득(연) 등급별 점수

등급	소득금액(만 원)	점수
10등급	360 초과 ~ 400 이하	204
11등급	400 초과 ~ 440 이하	222
12등급	440 초과 ~ 500 이하	245

2) 재산 등급별 점수

등급	재산금액(만 원)	점수
16등급	7,710 초과 ~ 8,590 이하	386
17등급	8,590 초과 ~ 9,570 이하	412
18등급	9,570 초과 ~ 10,700 이하	439

3) 자동차 등급별 점수

구분			사용연수별 감액률 및 결정 점수		
등급	차종 및 가액	배기량 등	3년 미만	3년 이상 6년 미만	6년 이상 9년 미만
			100%	80%	60%
4등급	4천만 원 이상 승용	1,000cc 초과 1,600cc 이하	59	47	35
5등급	4천만 원 미만 승용	1,600cc 초과 2,000cc 이하	79	63	48
6등급	4천만 원 이상 승용		113	90	68

〈보기〉

• 연소득액 450만 원
• 재산(주택)과표 9,500만 원
• 4,200만 원 가액 2,000cc 승용차 4년 째 보유

① 136,920원
② 139,050원
③ 143,200원
④ 147,020원

✔해설 K씨는 연소득이 100만 원 이상이므로 그에 맞는 다음의 산식을 적용한다.
－건강보험료＝(소득＋재산＋자동차)점수를 합산한 부과점수×부과점수 당 금액(183.3원)
－노인장기요양보험료＝건강보험료×7.38%
K씨의 소득은 450만 원이므로 245점(12등급), 재산은 9,500만 원이므로 412점(17등급), 자동차는 부과
점수는 90점(6등급)이 된다.
따라서 건강보험료＝(245＋412＋90)×183.3＝747×183.3＝136,920원이 된다.
또한 노인장기요양보험료＝136,920×0.0738＝10,100원이 된다.
따라서 K씨가 납부해야 할 건강보험료와 노인장기요양보험료의 합산액은
136,920＋10,100＝147,020원이 된다.

10 다음 혈액형 가계도 분석 방법을 참고할 때, 제시된 〈보기〉의 그림과 같은 혈액형 가계도에서 자녀(F1)에서 A 형이 나올 확률은?

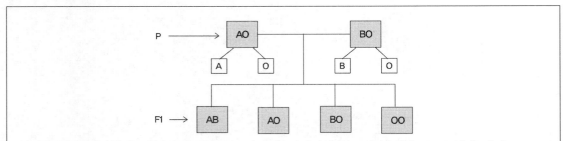

부모가 유전자형이 AO인 A형(부)과 BO인 B형(모)이라면 부모의 생식세포는 그림과 같이 A, O, B, O로 나뉜다. 이 때 각각의 생식세포를 결합시켜 보면, AB, AO, BO, OO의 유전자형을 가진 4가지 혈액형이 모두 나올 수 있게 된다.

또한, A형의 유전자형은 AA, AO, B형은 BB, BO, AB형은 AB, O형은 OO를 갖게 되며, 유전자 A와 B 사이에는 우열 관계가 없고, 유전자 A와 B는 유전자 O에 대해 우성이 된다(A=B>O).

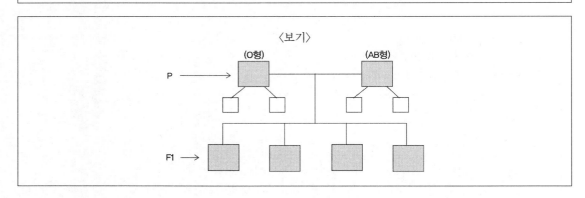

① 20%   ② 25%
③ 30%   ④ 50%

해설 주어진 설명에 의하면 AB형의 유전자형은 AB이므로 생식세포는 A와 B 두 가지가 되며, O형의 유전자형은 OO이므로 O 한 가지가 된다. 따라서 자녀 세대에는 다음과 같은 생식세포에 의한 혈액형 분배가 가능하게 되므로 절반인 50%가 A형이 나올 확률이 된다.

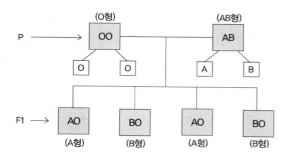

11 사내 체육대회에서 영업1팀~4팀, 생산1팀~3팀의 7개 팀이 다음과 같은 대진표에 맞춰 경기를 펼치게 되었다. 7개의 팀은 대진표에서 1번부터 7번까지의 번호를 선택하여 대결을 하게 된다. 이 때, 영업1팀과 생산1팀이 두 번째 경기에서 만나게 될 확률은 얼마인가? (단, 각 팀이 이길 확률은 모두 50%로 같고, 무승부는 없다.)

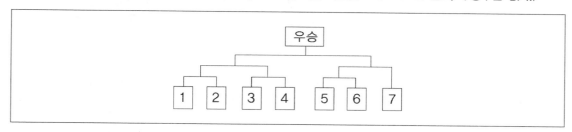

① $\dfrac{2}{21}$

② $\dfrac{3}{17}$

③ $\dfrac{4}{15}$

④ $\dfrac{5}{22}$

✔해설 영업1팀과 생산1팀에 국한된 것이 아니므로 특정 두 팀이 두 번째 경기에서 만날 확률을 구하면 된다.
특정 두 팀을 A팀과 B팀이라고 할 때 A, B 두 팀이 두 번째 경기에서 승부를 하게 되는 것은 다음과 같은 두 가지 경우가 있다.
㉠ A, B 두 팀 중 한 팀이 번호 '1', '2'를 선택하고, 다른 한 팀이 '3', '4'를 선택하는 경우
㉡ A, B 두 팀 중 한 팀이 '5', '6'을 선택하고 다른 한 팀이 '7'을 선택하는 경우
따라서 각각의 확률을 구하면,

㉠의 경우, $\dfrac{2}{7} \times \dfrac{2}{6} \times \left(\dfrac{1}{2}\right)^2 \times 2 = \dfrac{1}{21}$ 이 된다.

㉡의 경우, $\dfrac{2}{7} \times \dfrac{1}{6} \times \dfrac{1}{2} \times 2 = \dfrac{1}{21}$ 이 된다.

($\dfrac{1}{2}$은 첫 번째 경기에서 이길 확률을 의미하며, 2는 '어느 한 자리'가 2개이므로 2를 곱한 것이 된다.)

Answer 10.④ 11.①

12 R공사에서는 신입사원 2명을 채용하기 위하여 서류와 필기 전형을 통과한 갑, 을, 병, 정 네 명의 최종 면접을 실시하려고 한다. 아래 표와 같이 네 개 부서의 팀장이 각각 네 명을 모두 면접하여 최종 선정 우선순위를 결정하였다. 면접 결과에 대한 〈보기〉와 같은 설명 중 적절한 것을 모두 고른 것은?

최종 선정자 (1/2/3/4순위)	A팀장	B팀장	C팀장	D팀장
	을 / 정 / 갑 / 병	갑 / 을 / 정 / 병	을 / 병 / 정 / 갑	병 / 정 / 갑 / 을

* 우선순위가 높은 사람 순으로 2명을 채용하며, 동점자는 A, B, C, D팀장 순으로 부여한 고순위자로 결정함.
* 팀장별 순위에 대한 가중치는 모두 동일하다.

〈보기〉
(가) '을' 또는 '정' 중 한 명이 입사를 포기하면 '갑'이 채용된다.
(나) A팀장이 '을'과 '정'의 순위를 바꿨다면 '갑'이 채용된다.
(다) B팀장이 '갑'과 '병'의 순위를 바꿨다면 '정'은 채용되지 못한다.

① (가) ② (가), (다)
③ (나), (다) ④ (가), (나)

✅해설 팀장별 순위에 대한 가중치는 모두 동일하다고 했으므로 1~4순위까지를 각각 4, 3, 2, 1점씩 부여하여 점수를 산정해 보면 다음과 같다.
갑 : 2+4+1+2=9
을 : 4+3+4+1=12
병 : 1+1+3+4=9
정 : 3+2+2+3=10
따라서 〈보기〉의 설명을 살펴보면 다음과 같다.
(가) '을' 또는 '정' 중 한 명이 입사를 포기하면 '갑'과 '병'이 동점자이나 A팀장이 부여한 순위가 높은 '갑'이 채용되게 된다.
(나) A팀장이 '을'과 '정'의 순위를 바꿨다면, 네 명의 순위에 따른 점수는 다음과 같아지므로 바뀌기 전과 동일하게 '을'과 '정'이 채용된다.
갑 : 2+4+1+2=9
을 : 3+3+4+1=11
병 : 1+1+3+4=9
정 : 4+2+2+3=11
(다) 이 경우 네 명의 순위에 따른 점수는 다음과 같아지므로 '정'은 채용되지 못한다.
갑 : 2+1+1+2=6
을 : 4+3+4+1=12
병 : 1+4+3+4=12
정 : 3+2+2+3=10

13 다음은 우리나라의 연도별 유형별 정치 참여도를 나타낸 예시자료이다. 〈보기〉에 주어진 조건을 참고할 때, ㉠ ~㉣에 들어갈 알맞은 정치 참여방법을 순서대로 올바르게 나열한 것은?

	㉠	온라인상 의견 피력하기	정부나 언론에 의견제시	㉡	탄원서·진정서· 청원서 제출하기	㉢	공무원· 정치인에 민원전달	㉣
2020	53.9	15.0	9.5	21.2	8.8	9.2	10.3	12.8
2021	58.8	14.7	8.8	17.5	7.9	7.6	9.1	9.2
2022	69.3	13.3	6.7	14.9	5.6	6.9	6.1	10.3
2023	74.1	12.2	6.4	14.5	5.8	14.4	5.6	8.5

〈보기〉
1. 주변인과 대화를 하거나 시위 등에 참여하는 방법은 2020년보다 2023년에 그 비중이 더 증가하였다.
2. 2023년에 서명운동에 참여하거나 주변인과 대화를 하는 방법으로 정치에 참여하는 사람의 비중은 모두 온라인상 의견을 피력하는 방법으로 정치에 참여하는 사람의 비중보다 더 많다.
3. 2020 ~ 2022년 기간 동안은 시위에 참여하거나 불매운동을 하는 방법으로 정치에 참여한 사람의 비중이 온라인상 의견을 피력하는 방법으로 정치에 참여한 사람의 비중보다 항상 적었다.

① 서명운동 참여하기 – 주변인과 대화하기 – 시위·집회 참여하기 – 불매운동 참여하기
② 주변인과 대화하기 – 서명운동 참여하기 – 시위·집회 참여하기 – 불매운동 참여하기
③ 주변인과 대화하기 – 서명운동 참여하기 – 불매운동 참여하기 – 시위·집회 참여하기
④ 주변인과 대화하기 – 시위·집회 참여하기 – 서명운동 참여하기 – 불매운동 참여하기

✔해설 〈보기〉 1에 의하면 ㉠과 ㉢이 주변인과 대화하기 또는 시위·집회 참여하기 중 하나임을 알 수 있다. 또한 〈보기〉 2에 의하면 ㉠, ㉡, ㉢ 중 서명운동 참여하기와 주변인과 대화하기가 해당됨을 알 수 있다. 따라서 ㉡이 서명운동 참여하기임을 확인할 수 있다.
〈보기〉 3에서는 ㉢과 ㉣이 시위·집회 참여하기 또는 불매운동 참여하기 중 하나임을 의미하고 있으므로 〈보기〉 1과 함께 판단했을 때, ㉢이 시위·집회 참여하기, ㉣이 불매운동 참여하기가 되며 이에 따라 ㉠은 주변인과 대화하기가 된다.

▌14~15▐ 다음은 건강보험공단에서 실시하고 있는 탄력근무제에 대한 사내 규정의 일부이다. 다음을 읽고 이어지는 물음에 답하시오.

제3장 탄력근무

제17조(탄력근무 유형 등)

① 탄력근무의 유형은 시차출퇴근제와 시간선택제로 구분한다.

② 시차출퇴근제는 근무시간을 기준으로 다음과 같이 구분한다. 이 경우 시차출퇴근 C형은 12세 이하이거나 초등학교에 재학 중인 자녀를 양육하는 직원만 사용할 수 있다.

    1. 시차출퇴근 A형 : 8 : 00 ~ 17 : 00

    2. 시차출퇴근 B형 : 10 : 00 ~ 19 : 00

    3. 시차출퇴근 C형 : 9 : 30 ~ 18 : 30

③ 시간선택제는 다음의 어느 하나에 해당하는 직원이 근무시간을 1시간부터 3시간까지 단축하는 근무형태로서 그 근무유형 및 근무시간은 별도로 정한 바와 같다.

    1. 「임금피크제 운영규정」 제4조에 따라 임금피크제의 적용을 받는 직원

    2. 「인사규정 시행규칙」 제34조의2 제1항 제1호 또는 제2호에 해당되는 근무 직원

    3. 일·가정 양립, 자기계발 등 업무 내·외적으로 조화로운 직장생활을 위하여 월 2회의 범위 안에서 조기퇴근을 하려는 직원

제18조(시간선택제 근무시간 정산)

① 시간선택제 근무 직원은 그 단축근무로 통상근무에 비해 부족해진 근무시간을 시간선택제 근무를 실시한 날이 속하는 달이 끝나기 전까지 정산하여야 한다.

② 제1항에 따른 정산은 다음에 따른 방법으로 실시한다. 이 경우 정산근무시간은 10분 단위로 인정한다.

    1. 조기퇴근을 제외한 시간선택제 근무시간 정산 : 해당 시간선택제 근무로 근무시간이 단축되는 날을 포함하여 08 : 00부터 09 : 00까지 또는 18 : 00부터 21 : 00까지 사이에 근무

    2. 조기퇴근 근무시간 정산 : 다음의 방법으로 실시. 이 경우 사전에 미리 근무시간 정산을 할 것을 신청하여야 한다.

        가. 근무시작시간 전에 정산하는 경우 : 각 근무유형별 근무시작시간 전까지 근무

        나. 근무시간 이후에 정산하는 경우 : 각 근무유형별 근무종료시간부터 22:00까지 근무

③ 시간선택제 근무 직원은 휴가·교육 등으로 정산을 실시하지 못함에 따른 임금손실을 방지하기 위하여 사전에 정산근무를 실시하는 등 적정한 조치를 하여야 한다.

제19조(신청 및 승인)

① 탄력근무를 하려는 직원은 그 근무시작 예정일의 5일 전까지 탄력근무 신청서를 그 소속 부서의 장에게 제출하여야 한다.

② 탄력근무가 직권해지(같은 항 제2호 또는 제3호의 사유로 인한 것에 한정한다)된 날부터 6개월이

지나지 아니한 경우에는 탄력근무를 신청할 수 없다.

③ 다음의 직원은 제17조 제3항 제3호의 조기퇴근을 신청할 수 없다.

1. 임신부

2. 제17조제3항제1호 및 제2호에 해당하여 시간선택제를 이용하고 있는 직원

3. 단시간근무자

4. 육아 및 모성보호 시간 이용 직원

④ 부서의 장은 신청서를 제출받으면 다음의 어느 하나에 해당하는 경우 외에는 그 신청에 대하여 승인하여야 한다.

1. 업무공백 최소화 등 원활한 업무진행을 위하여 승인인원의 조정이 필요한 경우

2. 민원인에게 불편을 초래하는 등 정상적인 사업운영이 어렵다고 판단되는 경우

⑤ 탄력근무는 매월 1일을 근무 시작일로 하여 1개월 단위로 승인한다.

⑥ 조기퇴근의 신청, 취소 및 조기퇴근일의 변경은 별지 제4호의2 서식에 따라 개인이 신청한다. 이 경우 조기퇴근 신청에 관하여 승인권자는 월 2회의 범위에서 승인한다.

14 다음 중 탄력근무제에 대한 올바른 설명이 아닌 것은?

① 조기퇴근은 매월 2회까지만 실시할 수 있다.

② 시간선택제 근무제를 사용하려는 직원은 신청 전에 정산근무를 먼저 해 둘 수 있다.

③ 규정에 맞는 경우라 하더라도 탄력근무제를 신청하여 승인이 되지 않을 수도 있다.

④ 시차출퇴근제와 시간선택제의 다른 점 중 하나는 해당 월의 총 근무시간의 차이이다.

> ✔ 해설 시차출퇴근제와 시간선택제는 해당 월의 총 근무시간이 같다. 시간선택제는 1 ~ 3시간 단축 근무를 하게 되지만 그로 인해 부족해진 근무시간은 해당 월이 끝나기 전에 정산하여 근무를 하여야 한다.
> ① 조기퇴근은 매월 2회까지로 규정되어 있다.
> ② 정산근무가 여의치 않을 경우를 대비하여 신청을 계획하고 있을 경우 사전에 미리 정산근무부터 해 둘 수 있다.
> ③ 업무상의 사유와 민원 업무 처리 등의 사유로 승인이 되지 않을 수 있다.

15 탄력근무제를 실시하였거나 실시하려고 계획하는 공단 직원의 다음과 같은 판단 중, 규정에 어긋나는 것은?

① 놀이방에 아이를 맡겨 둔 K씨는 시차출퇴근 C형을 신청하려고 한다.

② 7월 2일 조기퇴근을 실시한 H씨는 7월 말일 이전 근무일에 저녁 9시경까지 정산근무를 하려고 한다.

③ 6월 3일에 조기퇴근을 실시하고 한 달 후인 7월 3일에 재차 사용한 M씨는 7월 4일부터 8월 4일까지의 기간 동안 2회의 조기퇴근을 신청하려고 한다.

④ 7월 15일에 탄력근무제를 사용하고자 하는 R씨는 7월 7일에 팀장에게 신청서를 제출하였다.

> **✔해설** '탄력근무는 매월 1일을 근무 시작일로 하여 1개월 단위로 승인한다.'고 규정되어 있으므로 M씨의 판단은 적절하다고 할 수 없다.
> ① 12세 이하 자녀를 둔 경우이므로 시차출퇴근 C형 사용이 가능하다.
> ② 조기퇴근의 경우이므로 근무 시간 이후 정산을 원할 경우 22 : 00까지 가능하며 조기퇴근을 실시한 해당 월 이내에 정산을 하려고 하므로 적절한 판단이다.
> ④ 5일 이전에 신청한 경우이므로 적절한 판단이다.

16 8월에 우진이는 여자친구, 두 명의 조카들과 함께 서울고속버스터미널에서 출발하여 부산고속버스터미널까지 가는 왕복 프리미엄 고속버스로 휴가를 떠나려고 한다. 이 때 아래에 나타난 자료 및 조건을 토대로 우진이와 여자친구, 조카들의 프리미엄 고속버스의 비용을 구하면?

<주어진 조건>

• 조카 1(남 : 만 3세)

• 조카 2(여 : 만 6세)

• 서울에서 부산으로 가는 동안(하행선) 조카 1은 우진이의 무릎에 앉아서 가며, 반대로 부산에서 서울로 올라올 시(상행선)에는 좌석을 지정해서 간다.

<자료>

1. 서울−부산 간 프리미엄 고속버스 운임요금은 37,000원이다.

2. 만 4세 미만은 어른 요금의 75%를 할인 받는다.

3. 만 4~6세 사이는 어른 요금의 50%를 할인 받는다.

4. 만 4세 미만의 경우에는 승차권을 따로 구매하지 않고 해당 보호자와 함께 동승이 가능하다.

① 162,798원   ② 178,543원

③ 194,250원   ④ 205,840원

✔ 해설 위의 주어진 조건을 기반으로 각 비용을 구하면 다음과 같다.
• 우진이와 여자 친구의 프리미엄 고속버스 비용 = 37,000원×2(명)×2(왕복) = 148,000원
• 조카 2(여 : 50%를 할인 받음)의 운임 = 37,000원×50%×2(왕복) = 37,000원
• 조카 1은 하행인 경우 우진이의 무릎에 앉아가고, 상행인 경우에 좌석을 지정해서 가는 것이므로 이는 편도에 해당한다.
조카 1(남 : 75% 할인 받음)의 운임 = 하행선 무료+37,000원×(100−75%) = 9,250원
∴ 148,000원+37,000원+9,250원 = 194,250원이 된다.

Answer 15.③ 16.③

17 다음은 무농약농산물과 저농약농산물 인증기준에 대한 자료이다. 자신이 신청한 인증을 받을 수 있는 사람을 모두 고르면?

> 무농약농산물과 저농약농산물의 재배방법은 각각 다음과 같다.
> 1) 무농약농산물의 경우 농약을 사용하지 않고, 화학비료는 권장량의 2분의 1 이하로 사용하여 재배한다.
> 2) 저농약농산물의 경우 화학비료는 권장량의 2분의 1 이하로 사용하고, 농약은 살포시기를 지켜 살포 최대횟수의 2분의 1 이하로 사용하여 재배한다.
>
> 〈농산물별 관련 기준〉
>
> | 종류 | 재배기간 내 화학비료 권장량(kg/ha) | 재배기간 내 농약살포 최대횟수 | 농약 살포시기 |
> |---|---|---|---|
> | 사과 | 100 | 4 | 수확 30일 전까지 |
> | 감 | 120 | 4 | 수확 14일 전까지 |
> | 복숭아 | 50 | 5 | 수확 14일 전까지 |
>
> ※ 1ha=10,000m², 1t=1,000kg

> 甲 : 5km²의 면적에서 재배기간 동안 농약을 전혀 사용하지 않고 20t의 화학비료를 사용하여 사과를 재배하였으며, 이 사과를 수확하여 무농약농산물 인증신청을 하였다.
> 乙 : 3ha의 면적에서 재배기간 동안 농약을 1회 살포하고 50kg의 화학비료를 사용하여 복숭아를 재배하였다. 하지만 수확시기가 다가오면서 병충해 피해가 나타나자 농약을 추가로 1회 살포하였고, 열흘 뒤 수확하여 저농약농산물 인증신청을 하였다.
> 丙 : 가로와 세로가 각각 100m, 500m인 과수원에서 감을 재배하였다. 재배기간 동안 총 2회(올해 4월 말과 8월 초) 화학비료 100kg씩을 뿌리면서 병충해 방지를 위해 농약도 함께 살포하였다. 추석을 맞아 9월 말에 감을 수확하여 저농약농산물 인증신청을 하였다.

① 甲, 乙
② 甲, 丙
③ 乙, 丙
④ 甲, 乙, 丙

✔해설 甲 : 5km²는 500ha이므로 사과를 수확하여 무농약농산물 인증신청을 하려면 농약을 사용하지 않고, 화학비료는 50,000kg(=50t)의 2분의 1 이하로 사용하여 재배해야 한다.
乙 : 복숭아의 농약 살포시기는 수확 14일 전까지이다. 저농약농산물 인증신청을 위한 살포시기를 지키지 못 하였으므로 인증을 받을 수 없다.
丙 : 5ha(100m×500m)에서 감을 수확하여 저농약농산물 인증신청을 하려면 화학비료는 600kg의 2분의 1 이하로 사용하고, 농약은 살포시기를 지켜(수확 14일 전까지) 살포 최대횟수인 4회의 2분의 1 이하로 사용하여 재배해야 한다.

18 A회사의 모든 직원이 매일 아침 회사에서 요일별로 제공되는 빵을 먹었다. 직원 가운데 甲, 乙, 丙, 丁 네 사람은 빵에 포함된 특정 재료로 인해 당일 알레르기 증상이 나타났다. A회사는 요일별로 제공된 빵의 재료와 甲, 乙, 丙, 丁에게 알레르기 증상이 나타난 요일을 아래와 같이 표로 정리했으나, 화요일에 제공된 빵에 포함된 두 가지 재료가 확인되지 않았다. 甲, 乙, 丙, 丁은 각각 한 가지 재료에 대해서만 알레르기 증상을 보였다면 다음 설명 중 틀린 것은? (단, 알레르기 증상은 발생한 당일에 사라지며, 다른 조건은 고려하지 않는다)

구분	월	화	수	목	금
재료	밀가루 우유	밀가루 ? ?	옥수수가루 아몬드 달걀	밀가루 우유 달걀	밀가루 우유 달걀 식용유
알레르기 증상 발생 직원	甲	丁	乙, 丁	甲, 丁	甲, 丙, 丁

① 甲이 알레르기 증상을 보인 것은 밀가루 때문이다.

② 甲, 乙, 丙은 서로 다른 재료에 대하여 알레르기 증상을 보였다.

③ 화요일에 제공된 빵의 확인되지 않은 재료 중 한 가지는 달걀이다.

④ 만약 화요일에 제공된 빵에 포함된 재료 중 한 가지가 아몬드였다면, 乙의 알레르기 증상은 옥수수가루 때문이다.

✔해설 ① 甲이 알레르기 증상을 보인 것은 우유 때문이다.
② 甲은 우유, 乙은 옥수수가루 또는 아몬드, 丙은 밀가루 또는 식용유에 대하여 알레르기 증상을 보인다.
③ 丁이 알레르기 증상을 보인 것은 수, 목, 금에 공통으로 들어간 달걀 때문이다. 따라서 丁이 알레르기 증상을 보인 화요일에 제공된 빵에는 달걀이 들어가 있다.
④ 만약 화요일에 제공된 빵에 포함된 재료 중 한 가지가 아몬드였다면 乙에은 아몬드에는 알레르기 증상이 나타나지 않는 것이다. 따라서 乙옥은 수수가루에 알레르기 증상을 보인 것이다.

■19~20 ■ 다음은 '니하오 중국어 어학원'의 강의 시간표와 관련된 자료이다. 다음 자료를 읽고 이어지는 물음에 답하시오.

화동 씨는 3~4월 시간표를 참고해서 오는 5~6월 수업 시간표를 작성하려 한다. 니하오 중국어 어학원은 입문-초급-중급-고급의 4단계로 이루어져 있으며 5~6월 시간표는 3~4월 강좌보다 한 단계 높은 수준을 개설할 계획이다. 예를 들어 3~4월에 입문반이 있었으면 초급반으로, 초급반이 있었으면 이번에는 중급반으로 개설하는 것이다. 단, 고급반의 경우 다시 입문반으로 개설한다. 그리고 종합반은 2개 차시로 묶어서 개설해야 한다. 시간대는 종합반은 3~4월 시간표 그대로 하고, 직장인 대상 비즈니스반은 밤 8시 이후여야 하며, 모든 강좌는 꼭 주 2회 이상 있어야 한다.

〈5~6월 강좌 예상 일정〉

강좌명	개설 가능 요일	비고
종합반	매일	학생 대상
성조반	수, 금	
회화반A	매일	
회화반B	화, 목, 금	
독해반	매일	
문법반	월, 화, 목	
청취반	화, 목	
비즈니스반	월, 목	직장인 대상
한자반	월, 수, 금	학생 대상

〈3~4월 시간표〉

	월	화	수	목	금
16:00~16:50	종합반 (초급)	회화반A	종합반 (초급)	회화반A	종합반 (초급)
		고급		고급	
17:00~17:50		한자반		한자반	
		초급		초급	
19:00~19:50	회화반B	성조반	회화반B	성조반	회화반B
	초급	중급	초급	중급	초급
20:00~20:50	문법반	독해반	문법반	독해반	문법반
	중급	고급	중급	고급	중급
21:00~21:50	청취반	비즈니스반	청취반	비즈니스반	청취반
	입문	입문	입문	입문	입문

19 다음은 화동 씨가 작성한 5~6월 시간표이다. 시간표를 보고 잘못 기재된 것을 올바르게 지적한 것은?

	월	화	수	목	금
16:00~16:50	종합반 (중급)	회화반B	종합반 (중급)	회화반B	종합반 (중급)
		중급		중급	
17:00~17:50		독해반		독해반	
		입문		입문	
19:00~19:50	한자반	청취반	한자반	청취반	한자반
	중급	초급	중급	초급	중급
20:00~20:50	비즈니스반	회화반A	회화반A	비즈니스반	회화반A
	초급	입문	입문	초급	입문
21:00~21:50	문법반	문법반	성조반	문법반	성조반
	초급	초급	고급	초급	고급

① 독해반은 중급반으로 수정되어야 한다.

② 한자반의 요일과 단계가 모두 수정되어야 한다.

③ 비즈니스반과 회화반A의 요일이 서로 뒤바뀌었다.

④ 밤 9시에 열리는 문법반은 고급반으로 수정되어야 한다.

✔ **해설** 3~4월에 문법반은 월, 수, 금 밤 8시에 중급반 강좌가 개설되었었다. 따라서 5~6월에는 월, 화, 목 밤 9시로 시간을 옮겨 고급반으로 진행되어야 한다.
① 3~4월에 독해반이 고급이었으므로 입문반이 올바른 강좌이다.
② 3~4월에 한자반은 초급이었으므로 5~6월에는 중급 강좌가 적절하며 월, 수, 금이 가능한 요일이다.
③ 비즈니스반은 월, 목이 가능하며, 회화반A는 매일 가능하므로 적절하다.

Answer 19.④

20 다음은 화동 씨가 5~6월 시간표를 작성하기 전에 강좌 예상 일정을 참고하여 각 강좌의 개설 가능 요일을 표로 정리한 것이다. 다음 중 요일 분배가 적절하지 않은 것은?

	월	화	수	목	금
성조반	×	×	○	×	○
회화반B	×	○	×	○	○
문법반	×	○	×	○	×
한자반	○	×	○	×	○
회화반A	○	○	○	○	○

① 성조반

② 회화반B

③ 문법반

④ 한자반

✔ 해설 문법반은 월, 화, 목요일에 강좌 개설이 가능하므로 월요일에도 가능 표시가 되어야 한다.

┃21~22┃ A사에 근무하는 B씨는 4대강 주변 자전거 도로에 대한 개선안을 마련하기 위하여 관련 자료를 정리하여 상사에게 보고하고자 한다. 다음을 바탕으로 물음에 답하시오.

〈4대강 주변 자전거 도로에 대한 관광객 평가 결과〉

(단위 : 점/100점 만점)

구분	한강	금강	낙동강	영산강
주변 편의시설	60	70	60	50
주변 자연경관	50	40	60	40
하천 수질	40	50	40	30
접근성	50	40	50	40
주변 물가	70	60	50	40

〈인터넷 설문조사 결과〉
자전거 도로 여행시 고려 조건

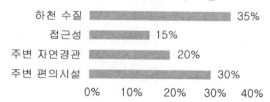

하천 수질	35%
접근성	15%
주변 자연경관	20%
주변 편의시설	30%

〈업체별 4대강 유역 토사 운송 업체 현황〉

업체	목표 운송량 (톤)	보유 트럭 최대 적재량 현황	
		1.5톤	2.5톤
A	19.5	6대	3대
B	20.5	4대	4대
C	23	3대	5대

21 앞선 자료들을 기반으로 B가 정리한 내용 중 옳은 것을 모두 고르면?

> ㉠ 모든 보유 트럭의 최대 적재량 합이 가장 큰 시공 업체는 C이다.
>
> ㉡ 관광객 평가 결과의 합에서, 가장 높은 점수를 받은 자전거 도로는 금강이다.
>
> ㉢ 인터넷 설문 조사의 4대 항목만을 고려한 관광객 평가 결과의 합이 가장 높은 자전거 도로는 낙동강이다.
>
> ㉣ 인터넷 설문 조사 결과상위 2개 항목만을 고려한 관광객 평가 결과의 합이 가장 높은 자전거 도로는 한강이다.

① ㉠, ㉡   ② ㉠, ㉢

③ ㉡, ㉢   ④ ㉢, ㉣

> **해설** ㉡ 관광객 평가 결과의 합에서, 가장 높은 점수를 받은 자전거 도로는 총점 270점의 한강이다.
>
> ㉣ 인터넷 설문 조사 결과상위 2개 항목인 하천 수질과 주변 편의시설만을 고려한 관광객 평가 결과의 합이 가장 높은 자전거 도로는 120점의 금강이다.

22 다음은 자료를 검토한 B의 상사가 B에게 준 피드백의 내용이다. 이를 참고하여 4대강 자전거 도로의 최종 점수가 올바르게 짝지어진 것은?

> **[상사]**
>
> B씨, 4대강 자전거 도로에 실제로 방문한 관광객들의 평가만큼이나 전 국민을 대상으로 한 인터넷 설문조사도 매우 중요해. 그러니까 인터넷 조사 결과의 응답 비중이 높은 순서대로 순위를 매겨서 1~4위까지 5, 4, 3, 2점의 가중치를 부여하고 이 가중치를 관광객 평가 점수와 곱해서 4대강 자전거 도로들 간의 점수를 산출하도록 해줘. '주변 물가'는 인터넷 조사에는 해당되지 않으니까 가중치를 1로 부여하면 될 것 같아.

① 한강 : 780점   ② 금강 : 790점

③ 낙동강 : 800점   ④ 영산강 : 690점

> **해설** 하천 수질 5, 주변 편의시설 4, 주변 자연경관 3, 접근성 2, 주변 물가 1의 가중치를 부여하여 계산한 자전거 도로의 최종 점수는 다음과 같다.
>
> | | |
> |---|---|
> | 한강 | $5 \times 40 + 4 \times 60 + 3 \times 50 + 2 \times 50 + 1 \times 70 = 760$점 |
> | 금강 | $5 \times 50 + 4 \times 70 + 3 \times 40 + 2 \times 40 + 1 \times 60 = 790$점 |
> | 낙동강 | $5 \times 40 + 4 \times 60 + 3 \times 60 + 2 \times 50 + 1 \times 50 = 770$점 |
> | 영산강 | $5 \times 30 + 4 \times 50 + 3 \times 40 + 2 \times 40 + 1 \times 40 = 590$점 |

23 다음은 A그룹 근처의 〈맛집 정보〉이다. 주어진 평가 기준에 따라 가장 높은 평가를 받은 곳으로 신년회를 예약하라는 지시를 받았다. A그룹의 신년회 장소는?

〈맛집 정보〉

음식점 \ 평가항목	음식종류	이동거리	가격 (1인 기준)	맛 평점 (★ 5개 만점)	방 예약 가능 여부
자금성	중식	150m	7,500원	★★☆	○
샹젤리제	양식	170m	8,000원	★★★	○
경복궁	한식	80m	10,000원	★★★★	○
도쿄타워	일식	350m	9,000원	★★★★☆	×

※ ☆은 ★의 반 개이다.

〈평가 기준〉

• 평가항목 중 이동거리, 가격, 맛 평점에 대하여 각 항목별로 4, 3, 2, 1점을 각각의 음식점에 하나씩 부여한다.
 －이동거리가 짧은 음식점일수록 높은 점수를 준다.
 －가격이 낮은 음식점일수록 높은 점수를 준다.
 －맛 평점이 높은 음식점일수록 높은 점수를 준다.
• 평가항목 중 음식종류에 대하여 일식 5점, 한식 4점, 양식 3점, 중식 2점을 부여한다.
• 방 예약이 가능한 경우 가점 1점을 부여한다.
• 총점은 음식종류, 이동거리, 가격, 맛 평점의 4가지 평가항목에서 부여 받은 점수와 가점을 합산하여 산출한다.

① 자금성　　　　　　　　　　　　② 샹젤리제
③ 경복궁　　　　　　　　　　　　④ 도쿄타워

✔ 해설　평가 기준에 따라 점수를 매기면 다음과 같다.

음식점 \ 평가항목	음식 종류	이동 거리	가격 (1인 기준)	맛 평점 (★ 5개 만점)	방 예약 가능 여부	총점
자금성	2	3	4	1	1	11
샹젤리제	3	2	3	2	1	11
경복궁	4	4	1	3	1	13
도쿄타워	5	1	2	4	－	12

따라서 A그룹의 신년회 장소는 경복궁이다.

24 신입사원 A는 상사로부터 아직까지 '올해의 K인상' 투표에 참여하지 않은 사원들에게 투표 참여 안내 문자를 발송하라는 지시를 받았다. 다음에 제시된 내용을 바탕으로 할 때, A가 문자를 보내야하는 사원은 몇 명인가?

'올해의 K인상' 후보에 총 5명(甲~戊)이 올랐다. 수상자는 120명의 신입사원 투표에 의해 결정되며 투표규칙은 다음과 같다.

• 투표권자는 한 명당 한 장의 투표용지를 받고, 그 투표용지에 1순위와 2순위 각 한 명의 후보자를 적어야 한다.
• 투표권자는 1순위와 2순위로 동일한 후보자를 적을 수 없다.
• 투표용지에 1순위로 적힌 후보자에게는 5점이, 2순위로 적힌 후보자에게는 3점이 부여된다.
• '올해의 K인상'은 개표 완료 후, 총 점수가 가장 높은 후보자가 수상하게 된다.
• 기권표와 무효표는 없다.

현재 투표까지 중간집계 점수는 다음과 같다.

후보자	중간집계 점수
甲	360점
乙	15점
丙	170점
丁	70점
戊	25점

---

① 50명
② 45명
③ 40명
④ 35명

✔해설 1명의 투표권자가 후보자에게 줄 수 있는 점수는 1순위 5점, 2순위 3점으로 총 8점이다. 현재 투표까지 중간집계 점수가 640이므로 80명이 투표에 참여하였으며, 아직 투표에 참여하지 않은 사원은 120−80 =40명이다. 따라서 신입사원 A는 40명의 사원에게 문자를 보내야 한다.

25 김 대리는 지난 여름 휴가 때 선박을 이용하여 '포항→울릉도→독도→울릉도→포항' 순으로 여행을 다녀왔다. 다음에 제시된 내용을 바탕으로 김 대리가 휴가를 냈던 기간을 추론하면?

> • '포항→울릉도' 선박은 매일 오전 10시, '울릉도→포항' 선박은 매일 오후 3시에 출발하며, 편도 운항에 3시간이 소요된다.
> • 울릉도에서 출발해 독도를 돌아보는 선박은 매주 화요일과 목요일 오전 8시에 출발하여 당일 오전 11시에 돌아온다.
> • 최대 파고가 3m 이상인 날은 모든 노선의 선박이 운항되지 않는다.
> • 김 대리는 매주 금요일에 술을 마시는데, 술을 마신 다음날은 멀미가 심해서 선박을 탈 수 없다.
> • 이번 여행 중 김 대리는 울릉도에서 호박엿 만들기 체험을 했는데, 호박엿 만들기 체험은 매주 월·금요일 오후 6시에만 할 수 있다.
>
> <20××년 7월 최대 파고>
>
> 파: 최대 파고(단위 : m)

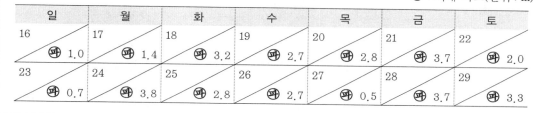

일	월	화	수	목	금	토
16	17	18	19	20	21	22
파 1.0	파 1.4	파 3.2	파 2.7	파 2.8	파 3.7	파 2.0
23	24	25	26	27	28	29
파 0.7	파 3.8	파 2.8	파 2.7	파 0.5	파 3.7	파 3.3

① 7월 16일(일)~19일(수)

② 7월 19일(수)~22일(토)

③ 7월 20일(목)~23일(일)

④ 7월 23일(일)~26일(수)

✔해설 7월 23일(일)에 포항에서 출발하여 울릉도에 도착한 김 대리는 24일(월) 오후 6시에 호박엿 만들기 체험을 하고, 25일(화) 오전 8시에 울릉도→독도→울릉도 선박에 탑승할 수 있으며 26일(수) 오후 3시에 울릉도에서 포항으로 돌아올 수 있다.
① 16일(일)에 출발하여 19일(수)에 돌아왔다면 매주 화요일과 목요일에 출발하는 울릉도→독도→울릉도 선박에 탑승할 수 없다(18일 화요일 최대 파고 3.2).
② 매주 금요일에 술을 마시는 김 대리는 술을 마신 다음날인 22일(토)에는 멀미가 심해서 돌아오는 선박을 탈 수 없다.
③ 20일(목)에 포항에서 울릉도로 출발하면 오후 1시에 도착하는데, 그러면 오전 8시에 출발하는 울릉도→독도→울릉도 선박에 탑승할 수 없다.

26 신입사원 A, B, C, D, E, F가 수습기간 동안 다음과 같은 조건에 따라 리더십, 직장예절, PT, IT 강의 중 2개를 반드시 이수해야 한다. IT 강의를 신청한 인원이 2명뿐일 때, F의 총 수강료는?

- B와 D는 리더십 강의를, C는 IT 강의를 반드시 신청해야 한다.
- B와 F는 직장예절 강의를 신청할 수 없다.
- 리더십과 IT 강의는 함께 신청할 수 없다.
- E는 B와 D가 신청한 강의를 신청할 수 없다.
- 1인당 수강료는 리더십, 직장예절 강의가 각각 3만 원씩이고 PT 강의는 5만 원, IT 강의는 8만 원이다.

---

① 6만 원　　　　　　　　　　② 8만 원
③ 10만 원　　　　　　　　　④ 11만 원

✔ 해설　조건에 따라 정리하면 다음과 같다.

	A	B	C	D	E	F
리더십		○	×	○	×	○
직장예절		×			○	×
PT		○			×	○
IT	×	×	○	×	○	×

따라서 F의 총 수강료는 8만 원이다.

27 다음은 카지노를 경영하는 사업자에 대한 관광진흥개발기금 납부에 관한 규정이다. 카지노를 경영하는 甲은 연간 총매출액이 90억 원이며 기한 내 납부금으로 4억 원만을 납부했다. 다음 규정에 따를 경우 甲의 체납된 납부금에 대한 가산금은 얼마인가?

카지노를 경영하는 사업자는 아래의 징수비율에 해당하는 납부금을 '관광진흥개발기금'에 내야 한다. 만일 납부기한까지 납부금을 내지 않으면, 체납된 납부금에 대해서 100분의 3에 해당하는 가산금이 1회에 한하여 부과된다(다만, 가산금에 대한 연체료는 없다).

〈납부금 징수비율〉
• 연간 총매출액이 10억 원 이하인 경우 : 총매출액의 100분의 1
• 연간 총매출액이 10억 원을 초과하고 100억 원 이하인 경우 : 1천만 원+(총매출액 중 10억 원을 초과하는 금액의 100분의 5)
• 연간 총매출액이 100억 원을 초과하는 경우 : 4억 6천만 원+(총매출액 중 100억 원을 초과하는 금액의 100분의 10)

① 30만 원   ② 90만 원
③ 160만 원   ④ 180만 원

✔해설 주어진 규정에 따를 경우 甲이 납부해야 하는 금액은 4억 1천만 원이다. 甲이 4억 원만을 납부했으므로 나머지 1천만 원에 대한 가산금을 계산하면 된다. 1천만 원의 100분의 3은 30만 원이다.

28 다음은 화재손해 발생 시 지급 보험금 산정방법과 피보험물건의 보험금액 및 보험가액에 대한 자료이다. 다음 조건에 따를 때, 지급 보험금이 가장 많은 피보험물건은?

〈표 1〉 지급 보험금 산정방법

피보험물건의 유형	조건	지급 보험금
일반물건, 창고물건, 주택	보험금액 ≥ 보험가액의 80%	손해액 전액
	보험금액 < 보험가액의 80%	손해액 × $\dfrac{보험금액}{보험가액의\,80\%}$
공장물건, 동산	보험금액 ≥ 보험가액	손해액 전액
	보험금액 < 보험가액	손해액 × $\dfrac{보험금액}{보험가액}$

※ 보험금액은 보험사고가 발생한 때에 보험회사가 피보험자에게 지급해야 하는 금액의 최고한도를 말한다.
※ 보험가액은 보험사고가 발생한 때에 피보험자에게 발생 가능한 손해액의 최고한도를 말한다.

〈표 2〉 피보험물건의 보험금액 및 보험가액

피보험물건	피보험물건 유형	보험금액	보험가액	손해액
甲	동산	7천만 원	1억 원	6천만 원
乙	일반물건	8천만 원	1억 원	8천만 원
丙	창고물건	6천만 원	7천만 원	9천만 원
丁	공장물건	9천만 원	1억 원	6천만 원

① 甲   ② 乙

③ 丙   ④ 丁

✔ 해설

① 甲 : 6천만 원 × $\dfrac{7천만\,원}{1억\,원}$ = 4,200만 원

② 乙 : 손해액 전액이므로 8,000만 원

③ 丙 : 손해액 전액이므로 9,000만 원

④ 丁 : 6천만 원 × $\dfrac{9천만\,원}{1억\,원}$ = 5,400만 원

29 다음 글을 근거로 판단할 때, ㉠에 해당하는 값은? (단, 소수점 이하 반올림)

> 한 남자가 도심 거리에서 강도를 당했다. 그는 그 강도가 흑인이라고 주장했다. 그러나 사건을 담당한 재판부가 당시와 유사한 조건을 갖추고 현장을 재연했을 때, 피해자가 강도의 인종을 정확하게 인식한 비율이 80% 정도밖에 되지 않았다. 강도가 정말로 흑인일 확률은 얼마일까?
>
> 물론 많은 사람들이 그 확률은 80%라고 말할 것이다. 그러나 실제 확률은 이보다 상당히 낮을 수 있다. 인구가 1,000명인 도시를 예로 들어 생각해보자. 이 도시 인구의 90%는 백인이고 10%만이 흑인이다. 또한 강도짓을 할 가능성은 두 인종 모두 10%로 동일하며, 피해자가 백인을 흑인으로 잘못 보거나 흑인을 백인으로 잘못 볼 가능성은 20%로 똑같다고 가정한다. 이 같은 전제가 주어졌을 때, 실제 흑인강도 10명 가운데 ( )명만 정확히 흑인으로 인식될 수 있으며, 실제 백인강도 90명 중 ( )명은 흑인으로 오인된다. 따라서 흑인으로 인식된 ( )명 가운데 ( )명만이 흑인이므로, 피해자가 범인이 흑인이라는 진술을 했을 때 그가 실제로 흑인에게 강도를 당했을 확률은 겨우 ( )분의 ( ), 즉 약 ㉠%에 불과하다.

① 18   ② 21

③ 26   ④ 31

✔️**해설** 각 괄호에 들어갈 수를 순서대로 채워보면, '실제 흑인강도 10명 가운데 8명만 정확히 흑인으로 인식될 수 있으며, 실제 백인강도 90명 중 18명은 흑인으로 오인된다. 따라서 흑인으로 인식된 26명 가운데 8명만이 흑인이므로, 피해자가 범인이 흑인이라는 진술을 했을 때 그가 실제로 흑인에게 강도를 당했을 확률은 겨우 26분의 8, 즉 약 31%에 불과하다.'이므로 따라서 ㉠에 들어갈 값은 31이다.

30 신입사원 A, B, C, D는 甲팀(A·B)과 乙팀(C·D)으로 짝을 이뤄 사내 체육대회 배드민턴 복식 경기에 참가하게 되었다. 경기가 다음의 〈규칙〉을 따른다고 할 때, 현재 〈경기상황〉에 이어질 서브 방향 및 선수 위치로 가능한 것은? (단, 좌측, 우측은 각 팀이 네트를 바라보고 인식하는 좌, 우이다)

〈규칙〉
• 점수를 획득한 팀이 서브권을 갖는다. 다만 서브권이 상대팀으로 넘어가기 전까지는 팀 내에서 같은 선수가 연속해서 서브권을 갖는다.
• 서브하는 팀은 자신의 팀 점수가 0이거나 짝수인 경우는 우측에서, 점수가 홀수인 경우는 좌측에서 서브한다.
• 서브하는 선수로부터 코트의 대각선 위치에 선 선수가 서브를 받는다.
• 서브를 받는 팀은 자신의 팀으로 서브권이 넘어오기 전까지는 팀 내에서 선수끼리 서로 코트 위치를 바꾸지 않는다.

〈경기상황〉
• 3 : 3 동점 상황에서 A가 C에게 서브하고 甲팀(A·B)이 1점 득점

점수	서브 방향 및 선수 위치	득점한 팀
3 : 3		甲

①
```
 C │ D
───┼───
 A │ B
```

②
```
 C │ D
───┼───
 A │ B
```

③
```
 D │ C
───┼───
 B │ A
```

④
```
 D │ C
───┼───
 B │ A
```

✅ **해설** 〈경기상황〉에서 甲팀이 1점 득점하였으므로 甲 : 乙 = 4 : 3이다. 점수를 획득한 甲팀에서 서브권을 가지며 같은 선수가 연속해서 서브권을 가지므로 서브는 A가 해야 한다. 甲팀의 점수가 짝수이므로 우측에서 서브하고, 서브를 받는 팀인 乙팀은 선수끼리 코트 위치를 바꾸지 않으므로 甲팀 우측의 대각선에 있는 D가 서브를 받는다.

31 영화 제작사 홍보부 사원인 당신은 부산에서 열리는 영화제 개막식에 참가하고자 교통편을 알아보고 있다. 당신은 개막식 당일 부서회의에 참가해야 하며, 회의 종료 시간은 오후 2시이다. 개막식에 참가하기 위해 당신이 선택해야 할 교통편으로 가장 적절한 것은?

◎ 부산영화제 개막식 안내

－일시 및 장소 : 20××. 10. 02(목) PM 14:00~20:00, 부산 센텀시티

※ 개막식 입장 가능 시간은 <u>종료 2시간 전</u>까지

◎ 회사에서 공항 및 기차역까지 소요시간

출발지	도착지	소요시간
회사	김포공항	130분
	서울역	60분

◎ 비행기 및 기차 이동시간

구분	운행요일	출발지	출발시간	소요시간
비행기	화/목	김포공항	16:30	55분
KTX	매일	서울역	매 시 정각	150분

◎ 센텀시티 오시는 길

교통편	출발지	소요시간
공항 리무진 버스	김해공항	55분
버스	김해공항	70분
	부산역	40분
택시	김해공항	50분
	부산역	30분
도시철도	공항역	53분
	부산역	38분

---

① KTX － 버스　　　　　　　　　② KTX － 택시

③ 비행기 － 택시　　　　　　　　④ 비행기 － 공항 리무진 버스

> **✅ 해설** 개막식 입장 가능 시간이 종료 2시간 전까지이므로 18시까지는 도착해야 개막식에 입장할 수 있다. 16:30분에 출발하고 55분이 소요되는 비행기를 탄다면, 김해공항에서 센텀시티까지 소요시간이 가장 짧은 택시를 이용한다고 해도 18시까지 도착할 수 없다. 따라서 KTX를 이용해야 한다. 회사에서 14시에 회의를 마치고 서울역에 도착하면 15시이고, 15시 정각에 출발하는 KTX를 타고 부산역에 도착하면 17시 30분이다. 부산역에서 센텀시티까지 택시로 30분이므로 18시에 도착할 수 있다.

32 甲은 자신이 살고 있는 지역의 주교를 죽이고, 영주의 얼굴에 상처를 입히고, 영주의 아내의 다리를 부러뜨리고, 각각 하인을 10명씩 거느리고 있는 부유한 농민 2명을 죽이는 큰 사고를 냈다. 중세 초기 아일랜드 법체계에 따라 甲에게 배상금을 청구문서를 보내려고 할 때, 빈칸에 들어갈 금액은 얼마인가?

중세 초기 아일랜드 법체계에는 자유의 몸인 사람을 모욕할 경우 모욕한 사람이 모욕당한 사람에게 지급해야 하는 배상금인 '명예가격'이 존재했고, 액수도 천차만별이었다. 예를 들어 영주의 명예가격은 5쿠말이었다. 이는 주교의 명예가격과 동일했다. 주교를 모욕했을 경우 젖소 10마리나 은 20온스를 지급해야 했다. 부유한 농민의 명예가격은 젖소 2.5마리에 그 사람에게 딸린 하인 한 사람당 젖소 0.5마리를 더한 것이었다.

명예가격은 사람 목숨에 대한 배상금과 별도로 지급했다. 만일 누군가 사람을 죽였다면, 그 범죄자는 살해에 대한 배상인 10쿠말 외에 명예가격을 따로 얹어 지급해야 했다. 그를 죽임으로써 그의 존엄을 짓밟았기 때문이다. 부상에 대한 배상도 마찬가지였다. 다른 사람에게 어떤 종류이든 상처나 부상을 입히면 그 상해에 대한 가격에 명예가격까지 지급해야 했다. 왕이나 영주 또는 주교에게 상해를 가했을 경우 2쿠말, 부유한 농민의 경우는 젖소 2마리, 소작농이나 다른 남자의 경우는 젖소 1마리, 그리고 여성이나 아이의 경우는 은 1온스를 상해에 대한 배상으로 지급해야 했다. 이와 비슷하게 어떤 사람이 다른 사람의 재물을 훔치건 손해를 끼쳤을 경우, 훔치거나 손해를 끼친 재산가치의 세 배의 배상액에 소유자의 명예가격을 더하여 지급해야 했다.

영주의 보호를 받는 소작농이나 영주의 아내 또는 딸을 다치게 하거나 죽이는 행위는 피해자의 명예를 훼손한 것이 아니라 그 피해자를 보호하는 사람의 명예를 훼손하는 것이었다. 따라서 이러한 살해, 부상 또는 손해 등에 대한 영주의 명예가격도 해당 사안 각각에 따로 청구되었다.

甲에게 은 _____온스를 청구한다.

① 은 209온스   ② 은 219온스
③ 은 229온스   ④ 은 239온스

✔해설 첫 문단에서 영주의 명예가격은 5쿠말이고 이는 주교의 명예가격과 동일한데, 주교를 모욕했을 경우 젖소 10마리나 은 20온스를 지급해야 하므로 5쿠말=젖소 10마리=은 20온스이다. 따라서 1쿠말=젖소 2마리=은 4온스가 된다.

甲의 죄에 대해 각각의 항목을 따져 보면 다음과 같다.
• 주교 살해 : 살해에 대한 배상 10쿠말+주교의 명예가격 5쿠말=15쿠말=은 60온스
• 영주의 얼굴에 상처 : 영주 상해에 대한 배상 2쿠말+영주의 명예가격 5쿠말=7쿠말=은 28온스

- 영주의 아내의 다리를 부러뜨림 : 여성 상해에 대한 배상 은 1온스+피해자를 보호하는 영주의 명예가격 5쿠말=은 21온스
- 각각 하인을 10명씩 거느리고 있는 부유한 농민 2명 살해 : {살해에 대한 배상 10쿠말+(명예가격 젖소 2.5마리+하인 한 사람당 젖소 0.5마리×10)}×2=은 110온스
  따라서 甲에게 청구해야 할 금액은 총 은 219온스이다.

33 사내 냉방 효율을 위하여 층별 에어컨 수와 종류를 조정하려고 한다. 버리는 구형 에어컨과 구입하는 신형 에어컨을 최소화할 때, A상사는 신형 에어컨을 몇 대 구입해야 하는가?

사내 냉방 효율 조정 방안		
적용순서	조건	미충족 시 조정 방안
1	층별 월 전기료 60만 원 이하	구형 에어컨을 버려 조건 충족
2	구형 에어컨 대비 신형 에어컨 비율 1/2 이상 유지	신형 에어컨을 구입해 조건 충족

※ 구형 에어컨 1대의 월 전기료는 4만 원이고, 신형 에어컨 1대의 월 전기료는 3만 원이다.

사내 냉방시설 현황						
	1층	2층	3층	4층	5층	6층
구형	9	15	12	8	13	10
신형	5	7	6	3	4	5

① 1대
② 2대
③ 3대
④ 4대

해설 먼저 '층별 월 전기료 60만 원 이하' 조건을 적용해 보면 2층, 3층, 5층에서 각각 6대, 2대, 1대의 구형 에어컨을 버려야 한다. 다음으로 '구형 에어컨 대비 신형 에어컨 비율 1/2 이상 유지' 조건을 적용하면 4층, 5층에서 각각 1대, 2대의 신형 에어컨을 구입해야 한다. 따라서 A상사가 구입해야 하는 신형 에어컨은 총 3대이다.

34 당신은 물류회사 보안팀 책임자이다. 신입사원 A가 1월 근무 일정 초안을 바탕으로 대체 근무자를 미리 배정하여 당신에게 검토를 요청하였다. A에게 대체 근무자를 변경하라고 지시해야 하는 날은?

〈근무 일정 관련 사내 규정〉

• 근무는 야간 4일과 주간 4일을 반복하며, 4일 근무 후에는 휴일 2일이 주어져야 한다.
• 각 조의 휴일 스케줄은 겹치지 않도록 한 달의 첫 2일은 조정 기간을 갖는다.
• 한 조의 일원이 개인 사유로 근무가 어려울 경우, 당일 휴일인 조의 일원 중 1인이 대체 근무를 한다. 이 역시 어려운 경우 그 직전일이 휴일이었던 조의 일원 중 1인이 대체 근무를 한다.
• 대체 근무의 경우 주간 직후 야간근무는 가능하며 야간 직후 주간 대체 근무는 불가하다.

〈보안팀 조별 명단〉

구분 (조)	조원
1	김준면(조장), 박찬열, 김종인, 오세훈, 도경수, 변백현
2	김남준(조장), 전정국, 김태형, 박지민, 정호석, 김석진
3	육성재(조장), 서은광, 이민혁, 정일훈, 이창섭, 임현식

〈보안팀 1월 근무 일정표(초안)〉

월	화	수	목	금	토	일
			1 주:1/야:2	2 주:1/야:2	3 주:3/야:2	4 주:3/야:2
5 주:3/야:1	6 주:3/야:1	7 주:2/야:1	8 주:2/야:1	9 주:2/야:3	10 주:2/야:3	11 주:1/야:3
12 주:1/야:3	13 주:1/야:2	14 주:1/야:2	15 주:3/야:2	16 주:3/야:2	17 주:3/야:1	18 주:3/야:1
19 주:2/야:1	20 주:2/야:1	21 주:2/야:3	22 주:2/야:3	23 주:1/야:3	24 주:1/야:3	25 주:1/야:2
26 주:1/야:2	27 주:3/야:2	28 주:3/야:2	29 주:3/야:1	30 주:3/야:1	31 주:2/야:1	

※ 숫자(1~3) : 각 조/ 주 : 주간/ 야 : 야간 (기재되어 있지 않은 조는 휴일)

대체 예상일자	휴무 예정자	사유	대체 근무자
1/3 (토)	전정국	동생 결혼식	① 박찬열
1/9 (금)	이민혁	월차	② 변백현
1/12 (월)	도경수	정기 검진	③ 박지민
1/29 (목)	임현식	월차	④ 김태형

✔해설 ④ 1/29(목)에 휴무 예정자인 임현식은 3조로, 주간근무이다. 29일에 휴일인 2조는 전날인 28일에 야간 근무로 야간 직후 주간 대체 근무가 불가하다. 따라서 2조인 김태형을 변경하라고 지시해야 한다.

|35~36| 다음은 서원물류담당자 J씨가 회사와 인접한 파주, 인천, 철원, 구리 4개 지점 중 최적의 물류거점을 세우려고 한다. 지점 간 거리와 물동량을 보고 물음에 답하시오.

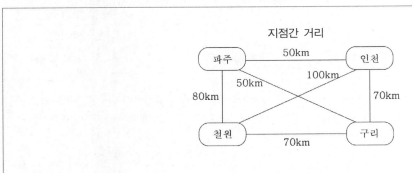

지점간 거리

지점의 물동량

지점	물동량
파주	500
인천	800
철원	400
구리	300

35 지점간 거리를 고려한 최적의 물류거점은 어디가 되는가?

① 파주   ② 인천

③ 철원   ④ 구리

> ✔ 해설   파주 : $50 + 50 + 80 = 180$
> 인천 : $50 + 100 + 70 = 220$
> 철원 : $80 + 70 + 100 = 250$
> 구리 : $70 + 70 + 50 = 190$

36 지점간 거리와 물동량을 모두 고려한 최적의 물류거점은 어디가 되는가?

① 파주   ② 인천

③ 철원   ④ 구리

✔️**해설** 파주 : $(50\times800)+(50\times300)+(80\times400)=40,000+15,000+32,000=87,000$
인천 : $(50\times500)+(100\times400)+(70\times300)=25,000+40,000+21,000=86,000$
철원 : $(80\times500)+(100\times800)+(70\times300)=40,000+80,000+21,000=141,000$
구리 : $(50\times500)+(70\times800)+(70\times400)=25,000+56,000+28,000=109,000$

▌37~38▐ 다음은 어느 회사의 전화 사용 요령이다. 다음을 읽고 물음에 답하시오.

---

1. 일반 전화 걸기

회사 외부에 전화를 걸어야 하는 경우

→ 수화기를 들고 9번을 누른 후 (지역번호)+전화번호를 누른다.

2. 전화 당겨 받기

다른 직원에게 전화가 왔으나, 사정상 내가 받아야 하는 경우

→ 수화기를 들고 *(별표)를 두 번 누른다.

※ 다른 팀에게 걸려온 전화도 당겨 받을 수 있다.

3. 회사 내 직원과 전화하기

→ 수화기를 들고 내선번호를 누르면 통화가 가능하다.

4. 전화 넘겨주기

외부 전화를 받았는데 내가 담당자가 아니라서 다른 담당자에게 넘겨 줄 경우

→ 통화 중 상대방에게 양해를 구한 뒤 통화 종료 버튼을 짧게 누른 뒤 내선번호를 누른다. 다른 직원이 내선 전화를 받으면 어떤 용건인지 간략하게 얘기 한 뒤 수화기를 내려놓으면 자동적으로 전화가 넘겨진다.

5. 회사 전화를 내 핸드폰으로 받기

외근 나가 있는 상황에서 중요한 전화가 올 예정인 경우

→ 내 핸드폰으로 착신을 돌리기 위해서는 사무실 수화기를 들고 *(별표)를 누르고 88번을 누른다. 그리고 내 핸드폰 번호를 입력한다.

→ 착신을 풀기 위해서는 #(샵)을 누르고 88번을 누른 다음 *(별)을 누르면 된다.

※ 회사 전화를 내 핸드폰으로 받는 기능은 팀장급 이상의 자리에 있는 대표 전화기로만 가능하며, 그 이하의 직급 자리에 있는 일반 전화기로는 이 기능을 사용할 수 없다.

---

37 인사팀에 근무하고 있는 사원S는 신입사원들을 위해 전화기 사용 요령에 대해 교육을 진행하려고 한다. 다음 중 신입사원들에게 교육하지 않아도 되는 항목은?

① 일반 전화 걸기
② 전화 당겨 받기
③ 전화 넘겨 주기
④ 회사 전화를 내 핸드폰으로 받기

> ✔해설 회사 전화를 내 핸드폰으로 받는 기능은 팀장급 이상의 자리에 있는 대표 전화기로만 가능하기 때문에 신입사원에게 교육하지 않아도 되는 항목이다.

38 사원S는 전화 관련 정보들을 신입사원이 이해하기 쉽도록 표로 정리하였다. 정리한 내용으로 옳지 않은 내용이 포함된 항목은?

상황	항목	눌러야 하는 번호
회사 외부로 전화 걸 때	일반 전화 걸기	9+(지역번호)+(전화번호)
다른 직원에게 걸려온 전화를 내가 받아야 할 때	전화 당겨 받기	*(별표) 한번
회사 내 다른 직원과 전화 할 때	회사 내 직원과 전화하기	내선번호
내가 먼저 전화를 받은 경우 다른 직원에게 넘겨 줄 때	전화 넘겨 주기	종료버튼(짧게)+내선번호

① 일반 전화 걸기
② 전화 당겨 받기
③ 전화 넘겨 주기
④ 회사 내 직원과 전화하기

> ✔해설 전화를 당겨 받는 경우에는 *(별표)를 두 번 누른다.

39 A 지점에 입지한 공장을 B~D 중 한 지점으로 이전하려고 한다. 가장 유리한 지점과 그 지점의 비용 절감액은?

㉠ A 지점은 최소 운송비 지점으로 동심원은 등비용선이고, 숫자는 비용을 나타낸다.
㉡ A~D 지점의 제품 단위당 노동비는 다음과 같다.

지점	A	B	C	D
노동비(원)	10,000	7,500	5,000	14,500

㉢ D 지점은 제품 단위당 10,000원의 집적 이익이 발생한다.

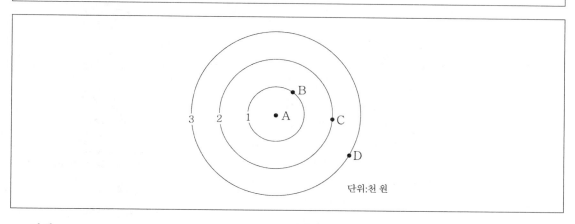

단위:천 원

지점	절감액
① B	1,500원
② C	2,500원
③ C	3,000원
④ D	2,500원

✔해설 운송비, 노동비, 집적 이익을 고려하여 B~D 지점의 비용 절감액을 구하면
B = 10,000 − 7,500 − 1,000 = 1,500
C = 10,000 − 5,000 − 2,000 = 3,000
D = 10,000 − 14,500 − 3,000 + 10,000 = 2,500
따라서 가장 유리한 지점은 C 지점이며 비용 절감액은 3,000원이다.

Answer 37.④ 38.② 39.③

▌40~41 ▌ 다음 지문과 자료를 읽고 물음에 답하시오.

신입사원 P씨는 중요한 회의의 자료를 출력하여 인원수에 맞춰 복사를 해두라는 팀장님의 지시를 받았는데 아무리 인쇄를 눌러봐도 프린터에서는 서류가 나오지 않았다. 이 때 서랍 속에서 프린터기의 사용설명서를 찾았다.

프린터 인쇄 문제 해결사

항목	문제	점검사항	조치
A	인쇄 출력 품질이 떨어집니다.	올바른 용지를 사용하고 있습니까?	• 프린터 권장 용지를 사용하면 인쇄 출력 품질이 향상됩니다. • 본 프린터는 ○○용지 또는 △△용지의 사용을 권장합니다.
		프린터기의 상태메뉴에 빨간 불이 들어와 있습니까?	• 프린터기의 잉크 노즐이 오염된 신호입니다. • 잉크 노즐을 청소하십시오.
B	문서가 인쇄되지 않습니다.	인쇄 대기열에 오류 문서가 있습니까?	인쇄 대기열의 오류 문서를 취소하십시오.
		네트워크가 제대로 연결되어 있습니까?	컴퓨터와 프린터의 네트워크 연결을 확인하고 연결하십시오.
		프린터기에 용지 또는 토너가 공급되어 있습니까?	프린터기에 용지 또는 토너를 공급하십시오.
C	프린터의 기능이 일부 작동하지 않습니다.	본사에서 제공하는 드라이버를 사용하고 있습니까?	본사의 홈페이지에서 제공하는 프린터 드라이버를 받아 설치하십시오.
D	인쇄 속도가 느립니다.	인쇄 대기열에 오류 문서가 있습니까?	인쇄 대기열의 오류 문서를 취소하십시오.
		인쇄하려는 파일에 많은 메모리가 필요합니까?	하드 디스크의 사용 가능한 공간의 양을 늘려 보십시오.

40 신입사원 P씨가 확인해야 할 항목은 무엇인가?

① A   ② B

③ C   ④ D

✔해설 현재 인쇄가 전혀 되지 않으므로 B항목 "문서가 인쇄되지 않습니다."를 확인해야 한다.

41 다음 중 신입사원 P씨가 확인하지 않아도 되는 것은?

① 인쇄 대기열에 오류 문서가 있는지 확인한다.

② 네트워크가 제대로 연결되어 있는지 확인한다.

③ 프린터기에 용지나 토너가 공급되어 있는지 확인한다.

④ 올바른 용지를 사용하고 있는지 확인한다.

✔해설 B항목의 점검사항만 확인하면 되므로 용지의 종류는 확인하지 않아도 된다.

42 다음 글과 상황을 근거로 판단할 때, A국 각 지역에 설치될 것으로 예상되는 풍력발전기 모델명을 바르게 짝지은 것은?

> 풍력발전기는 회전축의 방향에 따라 수평축 풍력발전기와 수직축 풍력발전기로 구분된다. 수평축 풍력발전기는 구조가 간단하고 설치가 용이하며 에너지 변환효율이 우수하다. 하지만 바람의 방향에 영향을 많이 받기 때문에 바람의 방향이 일정한 지역에만 설치가 가능하다. 수직축 풍력발전기는 바람의 방향에 영향을 받지 않아 바람의 방향이 일정하지 않은 지역에도 설치가 가능하며, 이로 인해 사막이나 평원에도 설치가 가능하다. 하지만 부품이 비싸고 수평축 풍력발전기에 비해 에너지 변환효율이 떨어진다는 단점이 있다. B사는 현재 4가지 모델의 풍력발전기를 생산하고 있다. 각 풍력발전기는 정격 풍속이 최대 발전량에 도달하며, 가동이 시작되면 최소 발전량 이상의 전기를 생산한다. 각 발전기의 특성은 아래와 같다.

모델명	U-50	U-57	U-88	U-93
시간당 최대 발전(kW)	100	100	750	2,000
시간당 최소 발전(kW)	20	20	150	400
발전기 높이(m)	50	68	80	84.7
회전축 방향	수직	수평	수직	수평

〈상황〉

> A국은 B사의 풍력발전기를 X, Y, Z지역에 각 1기씩 설치할 계획이다. X지역은 산악지대로 바람의 방향이 일정하며, 최소 150kW 이상의 시간당 발전량이 필요하다. Y지역은 평원지대로 바람의 방향이 일정하지 않으며, 철새보호를 위해 발전기 높이는 70m 이하가 되어야 한다. Z지역은 사막지대로 바람의 방향이 일정하지 않으며, 주민 편의를 위해 정격 풍속에서 600kW 이상의 시간당 발전량이 필요하다. 복수의 모델이 각 지역의 조건을 충족할 경우, 에너지 변환효율을 높이기 위해 수평축 모델을 설치하기로 한다.

X지역	Y지역	Z지역		X지역	Y지역	Z지역
① U-88	U-50	U-88		② U-88	U-57	U-93
③ U-93	U-50	U-88		④ U-93	U-50	U-93

✔해설 ㉠ X지역 : 바람의 방향이 일정하므로 수직·수평축 모두 사용할 수 있고, 최소 150kW 이상의 시간당 발전량이 필요하므로 U-88과 U-93 중 하나를 설치해야 한다. 에너지 변환효율을 높이기 위해 수평축 모델인 U-93을 설치한다.
㉡ Y지역 : 수직축 모델만 사용 가능하며, 높이가 70m 이하인 U-50만 설치 가능하다.
㉢ Z지역 : 수직축 모델만 사용 가능하며, 정격 풍속이 600kW 이상의 시간당 발전량을 갖는 U-88만 설치 가능하다.

43 지환이의 신장은 170cm, 체중은 80kg이다. 다음을 근거로 할 때, 지환이의 비만 정도를 바르게 나열한 것은?

> 과다한 영양소 섭취와 적은 체내 에너지 소비로 인한 에너지 대사의 불균형으로 지방이 체내에 지나치게 축적되어 체중이 과다해지는 것을 비만이라 한다.
>
> 비만 정도를 측정하는 방법은 Broca 보정식과 체질량지수를 이용하는 것이 대표적이다.
>
> Broca 보정식은 신장과 체중을 이용하여 비만 정도를 측정하는 간단한 방법이다. 이 방법에 의하면 신장(cm)에서 100을 뺀 수치에 0.9를 곱한 수치가 '표준체중(kg)'이며, 표준체중의 110% 이상 120% 미만의 체중을 '체중과잉', 120% 이상의 체중을 '비만'이라고 한다.
>
> 한편 체질량 지수는 체중(kg)을 '신장(m)'의 제곱으로 나눈 값을 의미한다. 체질량 지수에 따른 비만 정도는 다음 〈표〉와 같다.
>
> 〈표〉
>
> | 체질량 지수 | 비만 정도 |
> |---|---|
> | 18.5 미만 | 저체중 |
> | 18.5 이상 ~ 23.0 미만 | 정상 |
> | 23.0 이상 ~ 25.0 미만 | 과체중 |
> | 25.0 이상 ~ 30.0 미만 | 경도비만 |
> | 30.0 이상 ~ 35.0 미만 | 중등도비만 |
> | 35.0 이상 | 고도비만 |

① Broca 보정식으로는 체중과잉, 체질량 지수로는 과체중에 해당한다.
② Broca 보정식으로는 체중과잉, 체질량 지수로는 경도비만에 해당한다.
③ Broca 보정식으로는 비만, 체질량 지수로는 중등도비만에 해당한다.
④ Broca 보정식으로는 비만, 체질량 지수로는 경도비만에 해당한다.

✔해설 ㉠ Broca 보정식에 의한 신장 $170cm$의 표준체중은 $(170-100) \times 0.9 = 63kg$이므로, 지환이는 $\frac{80}{63} \times 100 ≒ 127(\%)$로 비만에 해당한다.

㉡ 지환이의 체질량 지수는 $\frac{80}{1.7^2} ≒ 27.7$이므로 경도비만에 해당한다.

44 한국저작권위원회에 입사한 L씨는 다음의 자료를 가지고 '대학생의 표절문제와 그 해결 방안'에 대한 인터넷 보도기사를 작성하라는 지시를 받았다. 이 자료를 활용한 L씨의 태도로 옳지 않은 것은?

⑺ 다른 신문에 게재된 기사의 내용

'표절'은 의도적인 것은 물론이고 의도하지 않은 베끼기, 출처 미표기 등을 포함하는 개념으로, 학문 발전 및 공동체 윤리를 저해한다. 연구윤리정보센터의 ○○○ 씨는 '다른 사람이 써 놓은 글을 표절하는 것은 물건을 훔치는 것과 같은 범죄'라면서, 학생들이 표절인 걸 알면서도 대수롭지 않게 여기는 태도도 문제라고 지적했다. 이러한 문제들을 해결하기 위해서는 우선적으로 의식 개선이 필요하다고 말했다.

⑻ 설문조사의 결과

설문 대상 : A 대학교 학생 331명 (단위 : %)

1. 다른 사람의 자료를 인용하면서 출처를 밝히지 않은 경험이 있는가?

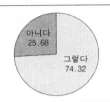

2. 다른 사람의 자료를 인용하면서 출처를 밝히지 않으면 표절이라고 생각하는가?

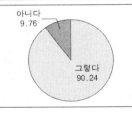

⑼ 연구 자료

B 대학교 학생 42명을 대상으로 표절 검사 시스템의 효과 검증 연구가 이루어졌다. 연구자는 학생들에게 1차, 2차 과제물을 차례로 부여하였다. 과제물의 성격은 같으며 과제 작성 기간도 1주일로 동일하다. 1차 과제물을 부여할 때는 아무런 공지도 하지 않았으며, 2차 과제물을 부여할 때는 표절 검사를 실시할 것임을 공지하였다. 과제물 수합 후 표절 검사 시스템을 통해 각각의 표절 여부를 확인하였다.

[연구 결과 : 시스템을 통한 표절 검사 결과 비교]

일치성 비율	1차 과제물	2차 과제물
10 % 미만	24	31
10 % 이상 ~ 20 % 미만	6	10
20 % 이상 ~ 30 % 미만	7	1
30 % 이상	5	0

(이 검사에서는 일치성 비율이 20 % 이상일 경우 표절에 해당함.)

---

① (가)를 활용하여 표절의 개념과 해결의 필요성을 제시한다.

② (나) – 1을 활용하여 학생들의 표절 실태를 제시한다.

③ (다)를 활용하여 표절 검사 시스템의 도입이 표절 방지에 도움이 될 수 있음을 제시한다.

④ (나) – 2와 (다)를 활용하여 표절에 대한 학생들의 인식이 부족한 이유를 제시한다.

> ✅해설 (나)–2는 표절 개념에 대한 학생들의 인식도가 높음을 나타내고 있다. (다)에서는 표절 검사 시스템을 통해 표절이 줄어들 수 있음을 보여주고 있다. 이러한 자료에서 학생들이 표절에 대한 인식이 부족하다고 할 근거를 찾기 어려우며, 그 이유를 파악할 수도 없다.

45 다음의 내용을 토대로 발생할 수 있는 상황을 바르게 예측한 것은?

> 인기가수 A는 자신의 사생활을 폭로한 한 신문사 기자 B를 상대로 기사 정정 및 사과를 요구하였다. 그러나 B는 자신은 시민의 알 권리를 보장하기 위해 할 일을 한 것뿐이라며 기사를 정정할 수 없다고 주장하였다. A는 자신을 원고로, B를 피고로 하여 사생활 침해에 대한 위자료 1,000만 원을 구하는 소를 제기하였다. 민사 1심 법원은 기사 내용에 대한 진위 여부를 바탕으로 B의 주장이 옳다고 인정하여, A의 청구를 기각하는 판결을 선고하였다. 이에 대해 A는 항소를 제기하였다.
> • 소 또는 상소 제기 시 납부해야 할 송달료
> – 민사 제1심 소액사건(소가 2,000만 원 이하의 사건) : 당사자 수 × 송달료 10회분
> – 민사 제1심 소액사건 이외의 사건 : 당사자 수 × 송달료 15회분
> – 민사 항소사건 : 당사자 수 × 송달료 12회분
> – 민사 상고사건 : 당사자 수 × 송달료 8회분
> • 당사자 : 원고, 피고

① A가 제기한 소는 민사 제1심 소액사건 이외의 사건에 해당한다.

② 1회 송달료가 3,200원일 경우 A가 소를 제기하기 위해 내야할 송달료는 48,000원이다.

③ A가 법원의 판결에 불복하고 항소를 제기하는데 드는 송달료는 원래의 소를 제기할 때 들어간 송달료보다 적다.

④ 1회 송달료가 2,500원일 경우 A가 납부한 송달료의 합계는 총 110,000원이다.

> ✅해설 ④ 1회 송달료가 2,500원일 경우 A가 납부한 송달료의 합계는 처음의 소를 제기할 때 들어간 송달료 50,000원에 항소를 제기하기 위해 들어간 송달료 60,000원을 더한 110,000원이 된다.
> ① A가 제기한 소는 소가 2,000만 원 이하의 사건이므로 제1심 소액사건에 해당한다.
> ② 1회 송달료가 3,200원일 경우 A가 소를 제기하기 위해 내야할 송달료는 당사자 수 × 송달료 10회분이므로, 2 × 32,000 = 64,000원이다.
> ③ A가 원래의 소를 제기할 때 들어가는 송달료는 당사자 수 × 송달료 10회분이고, 항소를 제기할 때 들어가는 송달료는 당사자 수 × 송달료 12회분이므로, 당사자 수가 같을 경우 항소를 제기할 때 들어가는 송달료가 원래의 송달료보다 많다.

Answer   44.④   45.④

46 빅데이터 솔루션 업체에 근무 중인 R씨는 다음의 내용을 살펴보고 [A]에 'ㄱ씨의 취미는 독서이다.'라는 정보를 추가하라는 지시를 받았다. R씨가 작업한 내용으로 가장 적절한 것은?

빅 데이터(Big Data)란 기존의 일반적인 기술로는 관리하기 곤란한 대량의 데이터를 가리키는 것으로, 그 특성은 데이터의 방대한 양과 다양성 및 데이터 발생의 높은 빈도로 요약된다. 이전과 달리 특수 학문 분야가 아닌 일상생활과 밀접한 환경에서도 엄청난 분량의 데이터가 만들어지게 되었고, 소프트웨어 기술의 발달로 이전보다 적은 시간과 비용으로 대량의 데이터 분석이 가능해졌다. 또한 이를 분석하여 유용한 규칙이나 패턴을 발견하고 다양한 예측에 활용하는 사례가 늘어나면서 빅 데이터 처리 기술의 중요성이 부각되고 있다. 이러한 빅 데이터의 처리 및 분류와 관계된 기술에는 NoSQL 데이터베이스 시스템에 의한 데이터 처리 기술이 있다. 이를 이해하기 위해서는 기존의 관계형 데이터베이스 관리 시스템(RDBMS)에 대한 이해가 필요하다. RDBMS에서는 특정 기준이 제시된 데이터 테이블을 구성하고 이 기준을 속성으로 갖는 정형적 데이터를 다룬다. 고정성이 중요한 시스템이므로 상호 합의된 데이터 테이블의 기준을 자의적으로 추가, 삭제하거나 변용하는 것이 쉽지 않다. 또한 데이터 간의 일관성과 정합성이 유지될 것을 요구하므로 데이터의 변동 사항은 즉각적으로 반영되어야 한다. 〈그림 1〉은 RDBMS를 기반으로 은행들 간의 상호 연동되는 데이터를 정리하기 위해 사용하는 데이터 테이블의 가상 사례이다.

한예금 씨의 A 은행 거래내역

	거래일자	입금액	출금액	잔액	거래내용	기록사항	거래점
㉠	거래일자	입금액	출금액	잔액	거래내용	기록사항	거래점
㉡	2023.10.08.	30,000		61,217	이체	나저축	B 은행
㉢	2023.10.09.		55,000	6,217	자동납부	전화료	A 은행
㉣							

〈그림 1〉 RDBMS에 의해 구성된 데이터 테이블의 예

NoSQL 데이터베이스 시스템은 특정 기준을 적용하기 어려운 비정형적 데이터를 효율적으로 처리할 수 있도록 설계되었다. 이 시스템에서는 선형으로 데이터의 특성을 나열하여 정리하는 방식을 통해 데이터의 속성을 모두 반영하여 처리한다. 〈그림 2〉는 NoSQL 데이터베이스 시스템으로 자료를 다루는 방식을 나타낸 것이다.

| ㄱ씨, 34세, 간호사, 남 | 27세, 여, ㄴ씨, 서울 거주 | ㄷ씨, 남, SNS 사용 | … |

↳

[A]
- 행 = 1, 이름 = ㄱ씨, 나이 = 34세, 직업 = 간호사, 성별 = 남
- 행 = 2, 나이 = 27세, 성별 = 여, 이름 = ㄴ씨, 거주지 = 서울
- 행 = 3, 이름 = ㄷ씨, 성별 = 남, SNS = 사용

〈그림 2〉 NoSQL 데이터베이스 시스템에 의한 데이터 처리의 예

〈그림 2〉에서는 '이름=', '나이=', '직업='과 같이 데이터의 속성을 표시하는 기준을 같은 행 안에 포함시킴으로써 데이터의 다양한 속성을 빠짐없이 기록하고, 처리된 데이터를 쉽게 활용할 수 있도록 하고 있다. 또한 이 시스템은 데이터와 관련된 정보의 변용이 상대적으로 자유로우며, 이러한 변화가 즉각적으로 반영되지 않는다는 특성을 지닌다.

① 1행의 '성별 = 남' 다음에 '취미 = 독서'를 기록한다.

② 1행과 2행 사이에 행을 삽입하여 '취미 = 독서'를 기록한다.

③ 3행 다음에 행을 추가하여 '행 = 4, 이름 = ㄱ씨, 취미 = 독서'를 기록한다.

④ 기준에 맞는 데이터 테이블을 구성하여 해당란에 '독서'를 기록한다.

> **✔ 해설** NoSQL 데이터베이스 시스템에서는 데이터의 속성을 표시하는 기준을 '기준='과 같이 표시하고 그에 해당하는 정보를 함께 기록하며, 해당 행에 자유롭게 그 정보를 추가할 수 있다. 따라서 'ㄱ씨의 취미는 독서이다'와 같은 정보는 '취미=독서'의 형태로 'ㄱ씨'와 관련된 정보를 다룬 행의 마지막 부분에 추가할 수 있다.

47 희수는 매일 모자, 상의, 하의, 악세사리, 신발을 1개씩 착용하고 외출한다. 모자는 2개, 상의는 5가지, 하의는 4가지, 악세사리는 4가지, 신발은 5가지가 있다. 다음의 조건에 맞추어 아래의 표를 채워 이번 한 주의 옷을 정하려고 할 때, 올바른 것은?

㉠ 의상의 색상은 다음과 같다.

	흰색	빨간색	파란색	검은색
모자	1	1	–	–
상의	–	1	3	1
하의	1	–	1	2
악세사리	2	1	1	–
신발	1	2	1	1

※ 칸 안의 숫자는 의상의 개수이며 –는 해당 색상이 없음을 의미한다.

㉡ 조건
• 월요일부터 금요일까지 모든 의상을 1번 이상씩 착용한다.
• 흰색과 빨간색 의상은 각각 1개 이상씩 매일 착용한다.
• 하루에 빨간색 의상을 3개 이상 착용하면 흰색 의상 2개를 함께 착용한다.
• 월요일에는 검은색 의상을 착용하지 않는다.
• 수요일에는 파란색 의상을 2개 착용한다.
• 하의와 악세사리는 같은 색상을 이틀 연속 착용하지 않는다.
• 모자와 상의는 같은 색상을 착용할 수 없다.

	월요일	화요일	수요일	목요일	금요일
모자	빨간색	빨간색	흰색		
상의			파란색	빨간색	파란색
하의	파란색	흰색			검은색
악세사리		빨간색			
신발		파란색	빨간색	빨간색	

① 월요일에는 파란색 의상을 1개 착용한다.
② 화요일에는 검은색 의상을 착용하지 않는다.
③ 수요일에는 검은색 의상을 1개 착용한다.
④ 목요일에는 파란색 의상을 착용하지 않는다.

✅ **해설** ③ 검은색 하의는 2개이고, 하의는 같은 색상을 이틀 연속 착용하지 않으므로 수요일 하의는 무조건 검은색이다. 악세사리는 검은색이 없으므로 수요일에는 검은색 의상을 1개 착용한다.
① 상의는 5개이고 그 중 빈칸 2개에 들어갈 색은 파란색과 검은색이다. 월요일에는 검은색 의상을 착용하지 않으므로 월요일 상의는 파란색이다. 따라서 월요일은 상의와 하의 2개 이상의 파란색 의상을 착용한다.
② ①과 같은 이유로 화요일 상의는 검은색이다.
④ 수요일 하의가 검은색이므로 하의 4개는 모두 채워졌다. 목요일의 하의가 흰색인지 파란색인지는 주어진 조건으로는 알 수 없다.

48 어느 동물원에서 다음의 열 마리의 천적 관계가 있는 동물을 최소한의 우리를 사용하여 구분해두려고 한다. 필요한 우리의 개수는 몇 개인가?

포식동물	피식동물
표범	치타, 토끼
여우	기린, 사슴, 토끼
치타	토끼, 하이에나
호랑이	표범, 기린
늑대	기린, 치타
사자	여우, 기린, 토끼, 하이에나
하이에나	기린, 사슴, 토끼

※ 포식동물은 각자의 피식동물 이외의 동물은 잡아먹지 않는다.

① 2개   ② 3개
③ 4개   ④ 5개

✅ **해설** 포식동물인 표범, 여우, 치타, 호랑이, 늑대, 사자, 하이에나 사이에 포식 · 피식 관계가 없는 관계끼리 먼저 나누면 (표범, 여우, 늑대, 하이에나), (치타, 호랑이, 사자)로 나눌 수 있으므로 2개의 우리가 필요하고, 나머지 (기린, 사슴, 토끼)를 하나의 우리에 넣으면 된다. 따라서 필요한 우리의 개수는 3개이다.

49 가위 · 바위 · 보의 규칙과 사람들의 성격이 다음과 같다면 옳은 것은?

〈규칙〉

㉠ 이길 때의 보상
- 가위를 낸 경우 : 1,000원
- 바위를 낸 경우 : 700원
- 보를 낸 경우 : 300원

㉡ 질 때의 피해
- 가위를 낸 경우 : 500원
- 바위를 낸 경우 : 200원
- 보를 낸 경우 : 1,000원

㉢ 세 사람이 모두 같은 것을 내거나, 모두 다른 것을 내는 경우는 비긴 것으로 하며, 비겼을 경우에는 보상도 피해도 없다.

〈성격〉

- A : 이길 경우의 보상만을 생각한다.
- B : 질 경우의 피해가 이길 경우의 보상보다 적어야한다.
- C : 질 경우의 피해가 가장 적은 것을 생각한다.

① A는 C에게 무조건 이긴다.
② C는 B에게 무조건 이긴다.
③ A는 B에게 이길 수 없다.
④ 셋 모두 바위는 내지 않는다.

✔해설 A는 이길 경우의 보상이 가장 큰 가위를 내고, B는 질 경우의 피해가 이길 경우의 보상보다 큰 보는 내지 않는다. 또한 C는 질 경우의 보상이 가장 적은 바위를 낸다.
① A는 C에게 무조건 진다.
② C는 B에게 이기거나 비긴다.
④ 셋 모두 보는 내지 않는다.

50 '베스킨라빈스31'에 대한 〈보기〉의 진술 중 올바른 것을 모두 고른 것은?

'베스킨라빈스31' 게임은 A와 B가 1부터 31까지의 숫자를 교대로 한 번에 1개에서 3개까지의 숫자를 부르는 방식으로 진행된다. 예를 들어 A가 처음에 (1)을 불렀다면 B는 (2) 또는 (2, 3) 또는 (2, 3, 4)를 부를 수 있다. 그리고 다시 A가 1개에서 3개의 숫자를 부른다. 이런 방식으로 게임을 진행하여 마지막에 31을 부르는 사람이 게임에서 패배하게 된다. 단 숫자는 차례로 불러야 하며 아무 숫자도 부르지 않을 수는 없다.

〈보기〉
㉠ 맨 마지막 상대방의 차례에 5개의 숫자를 남기면 반드시 승리할 수 있다.
㉡ 27을 부르는 사람은 반드시 패배한다.
㉢ 먼저 시작한 사람이 (1, 2)를 부른다면 상대방이 몇 개의 숫자를 부르던 상관없이 반드시 승리할 수 있다.

---

① ㉠
② ㉠㉡
③ ㉡㉢
④ ㉠㉡㉢

✔해설 ㉠ 맨 마지막 상대방의 차례에 5개의 숫자(27~31)를 남기면 상대방이 몇 개의 숫자를 부르는지에 상관없이 반드시 승리할 수 있다.
㉡ 27을 부를 수 있는 경우는 (27) 1개만 부르는 경우와 (26, 27), (27, 28) 2개를 부르는 경우, (25, 26, 27), (26, 27, 28), (27, 28, 29) 3개를 부르는 경우로 총 6가지이다.
• (27), (26, 27), (25, 26, 27) 부를 경우→(28, 29, 30)을 불러서 승리할 수 있다.
• (27, 28), (26, 27, 28) 부를 경우→(29, 30)을 불러서 승리할 수 있다.
• (27, 28, 29) 부를 경우→(30)을 불러서 승리할 수 있다.
㉢ 먼저 시작한 사람이 처음에 (1, 2)를 부른다면 상대방이 1개의 숫자를 부를 경우 3개, 2개의 숫자를 부를 경우 2개, 3개의 숫자를 부를 경우 1개의 숫자를 부름으로써 반드시 승리할 수 있다.

51 다음과 같은 상황이 발생하여 적용되는 약관을 찾아보려고 한다. 적용되는 약관의 조항과 그에 대한 대응방안으로 옳은 것은?

> 보증채권자인 A는 청구하기 위하여 보증채무이행청구서, 신분증 사본, 보증서 사본, 명도확인서를 제출하였다. 이를 검토해 보던 사원 L은 A가 전세계약이 해지 또는 종료되었음을 증명하는 서류를 제출하지 않을 것을 알게 되었다. 이 때, 사원 L은 어떻게 해야 하는가?

> 제9조(보증채무 이행청구 시 제출서류)
> ① 보증채권자가 보증채무의 이행을 청구할 때에는 보증회사에 다음의 서류를 제출하여야 합니다.
>   1. 보증채무이행청구서
>   2. 신분증 사본
>   3. 보증서 또는 그 사본(보증회사가 확인 가능한 경우에는 생략할 수 있습니다)
>   4. 전세계약이 해지 또는 종료되었음을 증명하는 서류
>   5. 명도확인서 또는 퇴거예정확인서
>   6. 배당표 등 전세보증금중 미수령액을 증명하는 서류(경·공매 시)
>   7. 회사가 요구하는 그 밖의 서류
> ② 보증채권자는 보증회사로부터 전세계약과 관계있는 서류사본의 교부를 요청받은 때에는 이에 응하여야 합니다.
> ③ 보증채권자가 제1항 내지 제2항의 서류 중 일부를 누락하여 이행을 청구한 경우 보증회사는 서면으로 기한을 정하여 서류보완을 요청할 수 있습니다.

① 제9조 제2항, 청구가 없었던 것으로 본다.
② 제9조 제2항, 기간을 정해 서류보완을 요청한다.
③ 제9조 제3항, 청구가 없었던 것으로 본다.
④ 제9조 제3항, 기간을 정해 서류보완을 요청한다.

✅**해설** 보증채권자가 서류 중 일부를 누락하여 이행을 청구한 경우 보증회사는 서면으로 기한을 정하여 서류보완을 요청할 수 있다.

52 다음 상황에 대한 설명으로 옳지 않은 것은?

     기원이가 사는 마을에는 기원이를 포함해 총 6명이 살고 있다. 기원이는 수박밭을 가꾸는데 수박을 수확하던 도중에 너무 힘들어 두 개만 남겨두고 집에 들어가 잠이 들었다. 다음날 남겨둔 수박을 수확하러 밭에 간 기원이는 아무것도 남아있지 않은 밭을 보게 되었고 누가 수박을 훔쳐갔는지 알아내기 위해 마을 주민들에게 수박을 가져갔느냐고 물어봤다. 수박은 너무 무거워서 한 사람이 하나밖에 들고 갈 수 없고, 기원이를 제외한 마을 주민들의 집은 수박밭에서 너무 멀어 밤새 수박을 들고 두 번 왔다 갔다 할 거리가 못된다. 마을에는 세 명의 거짓말쟁이와 세 명의 참말쟁이가 살고 있고, 기원이는 참말쟁이다.

마을 사람들은 다음과 같이 진술했다.

갑동 : 난 범인이 아니야. 나는 어제 저녁에 집에서 한 발짝도 움직이지 않았어. 병순이가 너의 밭에서 수박을 가져가는 걸 무식이가 봤데. 병순이가 수박을 가져간 게 분명해.

을녀 : 누가 그런 짓을 했지? 나? 난 아냐! 난 어제 너무 피곤해서 굉장히 일찍 잠들었어.

병순 : 을녀는 거짓말을 하고 있어. 을녀는 거짓말쟁이잖아.

정미 : 그래! 내가 훔쳤어. 수박하나에 이렇게 사람들을 의심하다니 너 정말 너무하는구나.

무식 : 나는 아무것도 못 봤어. 갑동이가 나랑 병순이 사이를 이간질하고 있는 거야.

---

① 참말쟁이도 수박을 훔친 범인일 수 있다.

② 병순이가 거짓말쟁이라면, 병순이는 범인이다.

③ 을녀가 참말쟁이라면, 무식이는 범인이다.

④ 정미는 수박을 훔치지 않았다.

✔해설 '마을 주민들의 집은 수박밭에서 너무 멀어 밤새 수박을 들고 두 번 왔다 갔다 할 거리가 못된다.'는 것으로 보아 수박을 훔쳐간 범인은 두 명이고, 다섯 사람 중 두 사람은 참말쟁이이고, 세 사람은 거짓말쟁이이다. 다섯 사람의 진술을 토대로 거짓말·참말과 범인여부를 표로 나타내면 다음과 같은 네 가지 경우가 생긴다.

	거짓/참	범인
갑동	참말	
을녀	참말	
병순	거짓말	○
정미	거짓말	
무식	거짓말	○

	거짓/참	범인
갑동	참말	
을녀	거짓말	○
병순	참말	○
정미	거짓말	
무식	거짓말	

	거짓/참	범인
갑동	거짓말	○
을녀	참말	
병순	거짓말	
정미	거짓말	
무식	참말	○

	거짓/참	범인
갑동	거짓말	○
을녀	거짓말	○
병순	참말	
정미	거짓말	
무식	참말	

② 세 번째 표의 경우 병순이는 거짓말쟁이이지만 범인은 아니다.

Answer   51.④ 52.②

53 한글을 전혀 본 적이 없는 외국인에게 주어진 한글 자음을 A형과 B형 두 종류로 구분해보라고 하였다. 그 외국인이 분류한 결과가 다음과 같을 때, A형에 해당하는 것은?

〈한글 자음〉
ㄱ, ㄷ, ㅁ, ㅅ, ㅇ, ㅊ, ㅋ, ㅍ, ㅎ, ㄲ, ㅃ

〈외국인의 분류〉
• A형 : ㄱ, ㄷ, ㅁ, ㅇ
• B형 : ㅅ, ㅊ, ㅋ, ㅍ, ㅎ, ㄲ, ㅃ

---

① ㄹ   ② ㅂ
③ ㅈ   ④ ㅌ

> ✔해설 한글을 전혀 본 적이 없는 외국인이 주어진 자음을 구분할 수 있는 방법은 눈으로 보고 나누는 것뿐이다. 나누어진 분류를 볼 때 A형은 한 붓 쓰기가 가능한 것이고, B형은 그렇지 않다. 따라서 보기 중 한 붓 쓰기가 가능한 것은 'ㄹ'이다.

54 다음 중 착한 거북이와 시내로 가는 길을 올바르게 짝지은 것은?

　어떤 거북이 마을에 착한 거북이 두 마리와 나쁜 거북이 세 마리가 산다. 착한 거북이는 참말만 하고, 나쁜 거북이는 거짓말만 한다. 거북이 마을을 지나가는 길은 나무길, 꽃길, 구름길이 있는데 이 중 시내로 나가는 길은 한 곳뿐이다. 거북이B가 착한 거북이인걸 아는 나그네 토끼가 거북이 마을을 지나 시내로 나가기 위해 다섯 마리의 거북이(A~E)에게 어느 길로 가면 되는지 물어보았더니 거북이들이 다음과 같이 대답했다.
A : 시내로 나가는 길은 꽃길이야.
B : 시내로 나가는 길을 아는 사람은 이 마을
에 나 밖에 없어.
C : A는 나쁜 거북이야.
D : 나는 시내로 나가는 길이 어딘지 알아.
E : 나무길로 가면 시내로 갈 수 있어.

---

① A – 나무길   ② A – 꽃길
③ C – 구름길   ④ C – 꽃길

> ✔해설 거북이B가 착한 거북이인데 '시내로 나가는 길을 아는 사람은 이 마을에 나 밖에 없어.'라고 했으므로 시내로 나가는 길을 알려준 거북이A와 거북이D, 거북이E는 나쁜 거북이이고, 그 둘이 알려준 길이 아닌 구름길이 시내로 나가는 길이다. 거북이A를 나쁜 거북이라고 참말을 한 거북이C도 착한 거북이이다.

55 이번에 탄생한 TF팀에서 팀장과 부팀장을 선정하려고 한다. 선정기준은 이전에 있던 팀에서의 근무성적과 성과점수, 봉사점수 등을 기준으로 한다. 구체적인 선정기준이 다음과 같을 때 선정되는 팀장과 부팀장을 바르게 연결한 것은?

〈선정기준〉

• 최종점수가 가장 높은 직원이 팀장이 되고, 팀장과 다른 성별의 직원 중에서 가장 높은 점수를 받는 직원이 부팀장이 된다(예를 들어 팀장이 남자가 되면, 여자 중 최고점을 받은 직원이 부팀장이 된다).

• 근무성적 40%, 성과점수 40%, 봉사점수 20%로 기본점수를 산출하고, 기본점수에 투표점수를 더하여 최종점수를 산정한다.

• 투표점수는 한 명당 5점이 부여된다(예를 들어 2명에게서 한 표씩 받으면 10점이다).

〈직원별 근무성적과 점수〉

직원	성별	근무성적	성과점수	봉사점수	투표한 사람수
고경원	남자	88	92	80	2
박하나	여자	74	86	90	1
도경수	남자	96	94	100	0
하지민	여자	100	100	75	0
유해영	여자	80	90	80	2
문정진	남자	75	75	95	1

① 고경원 - 하지민
② 고경원 - 유해영
③ 하지민 - 도경수
④ 하지민 - 문정진

✔해설 점수를 계산하면 다음과 같다.

직원	성별	근무점수	성과점수	봉사점수	투표점수	합계
고경원	남자	35.2	36.8	16	10	98
박하나	여자	29.6	34.4	18	5	87
도경수	남자	38.4	37.6	20	0	96
하지민	여자	40	40	15	0	95
유해영	여자	32	36	16	10	94
문정진	남자	30	30	19	5	84

Answer 53.① 54.③ 55.①

가볍게! 빠르게! 확인하는 용어사전 시리즈

시사용어사전 | 경제용어사전 | 부동산용어사전

시사용어사전 1228

매일 접하는 각종 기사와 정보! 공기업/언론사/기업체/공무원 채용을 준비하는 수험생과
현대인이 꼭 알아야 할 최신 시사상식을 쏙쏙 뽑아 이해하기 쉽도록 영역별로 정리

경제용어사전 1050

주요 경제용어는 거의 다 실었다! 금융권/공기업/언론사/기업체/공무원 채용을 준비하기 전에,
경제 공부를 시작하기 전에 읽어보면 경제가 쉬워지도록 사전식으로 구성

부동산용어사전 1310

부동산에 대한 이해를 높이고 부동산의 개발과 활용, 투자 및 부동산 용어 학습에도
적극적으로 이용할 수 있는 교재, 공인중개사 출제용어도 수록

자격증

한번에 따기 위한 서원각 교재

한 권에 준비하기 시리즈 / 기출문제 정복하기 시리즈를 통해 자격증 준비하자!